校订本 庚

事物掌故丛谈

遊戲娛樂

杨荫深 编著

上海辞书出版社

前记

游戏与娱乐，均关于游乐的事，初看起来，两者是相同的，但严格来说，游戏与娱乐，似也有个分别。大约游戏范围较杂，名目极多，因此有许多游戏，往往不入正轨，而流于邪道，如赌博古亦称为游戏之一，所谓博戏是也。孔子也说：『饱食终日，无所用心，难矣哉！不有博弈者乎，为之犹贤乎已。』意思是说，与其饱食无所用心，不如博弈之为贤也。可知古亦认为雅戏，其后始专以赌钱为事，乃非正当的了。娱乐则范围似乎较狭，而且较为正当，可以调剂身心，是精神上一种很好的安慰，所以大家都觉得需要提倡，不像游戏有几种是要禁止的。所以说到游戏，总觉得有些不庄重的，而娱乐，那便是庄重一些了。本书前十节可说是谈游戏，后十节是谈娱乐。因为着重在掌故，所以所谈以过去的为多，但如过去虽有而现在未见盛行的，那也略而不谈了。

游戏与娱乐可谈的真是很多，这里不过略举其要而已。读者幸勿以此为已全，而责著者有遗漏的。

杨荫深　一九四五年冬至日

目录 CONTENTS

一 围棋

The Game of Go

相对无言

围棋古谓之弈，如《论语》："饱食终日，无所用心，难矣哉！不有博弈者乎，为之犹贤乎已。"《孟子》："弈秋，通国之善弈者也。"此弈皆指围棋。至汉时北方仍称为弈，南方则多称为围棋。如扬雄《方言》："围棋谓之弈，自关而东齐鲁之间皆谓之弈。"班固《弈旨》："北方之人谓棋为弈。"其后或称弈，或称围棋，不一而足，但于此可知围棋之称，当始于汉。至于围棋的创始，说者不一，如晋张华《博物志》云：

尧造围棋，以教子丹朱。或云舜以子商均愚，故作围棋以教之。

是为尧为舜，在张氏已疑莫能明。然此恐亦推测之词，未必可信为真。不过因此使我们知道围棋的创始，实在是很远古的，至少春秋战国的时候已很盛行了，至如

围棋 围棋最早的局制如何，今已不得而知。汉时据邯郸淳《艺经》云：“棋局纵横各十七道，合二百八十九道，白黑棋子各一百五十枚。”始知与今制不同。

唐皮日休原弈以为:“尧之仁,以有苗之慢,尚不加兵,岂……教其子以伐国哉?则弈之始作必起自战国有害诈争伪之道,当从横者流之作矣。”亦不可信,因为孔子已说过博弈的话,孔子并不是战国时的人哩。

围棋最早的局制如何,今已不得而知。汉时据邯郸淳《艺经》云:“棋局纵横各十七道,合二百八十九道,白黑棋子各一百五十枚。”始知与今制不同。吴韦昭《博弈论》亦云“枯棋三百”,晋蔡洪《围棋赋》亦云“三百惟群”,是自汉至晋,其制未更。至《孙子算经》始云:

今有棋局方一十九道,问用棋几何?答曰三百六十一。术曰,置一十九道自相乘之即得。

围棋

自晋以后，围棋极为盛行，因此有种种别称。如《世说新语》云：“王中郎以围棋是坐隐，支公以围棋为手谈。”

按：此书《隋书·经籍志》著录，惟不著撰人。《新唐书·艺文志》则称李淳风注甄鸾《孙子算经》三卷，甄为北周时人，李为唐初时人。其书原本久佚，清乾隆时阁臣从《永乐大典》中辑集，始得其残本，然正文与注文，已相混合，不可复考。如此条为甄氏原文，则南北朝时围棋始改为十九道三百六十棋了，与今制正同。

又自晋以后，围棋极为盛行，因此有种种别称。如《世说新语》云："王中郎以围棋是坐隐，支公以围棋为手谈。"王中郎即王坦之，支公即支遁，是晋时有"坐隐""手谈"之称。又《晋书·祖纳传》云：

纳好弈棋，王隐谓之曰：『禹惜寸阴，不闻数棋。』对曰：『我亦忘忧耳。』

又梁任昉《述异记》云：

信安郡石室山，晋时王质伐木至，见童子数人棋而歌。质因听之，童子以一物与质，如枣核。质含之，不觉饿。俄顷，童子谓曰：『何不去？』质起视，斧柯尽烂，既归，无复时人。

于是后世又以围棋有“忘忧”“烂柯”之称。

二 象棋

Chinese Chess

今日所流行的象棋实始于唐，几经改革，而至南宋始渐与今制相同。按：僧念常《佛祖历代通载》卷十六于唐文宗开成己未下有“制象碁”三字，原注云：“昔神农以日月星辰为象；唐相国牛僧孺用车马将士卒加炮，代之为机矣。”此机字疑为棋字之误，是象棋明为唐牛僧孺所创制。近人胡適据此作《考作象棋的年代》云：

那时候中国与印度交通已近千年。也许这种游戏，从印度、波斯传进来已久，到牛僧孺才把它改作一种中国的象棋戏。念常此书记佛教事，忽插入这一段，似不是有心作伪；大概佛教徒也知道象棋是从印度输入的，故把它记在佛教史里。

是胡氏直认象棋为印度所输入，后经牛僧孺改作而为中国式的。此说是否可信，姑置勿问，但象棋之始于唐代，据此而更可确信。至牛氏之制象棋可阅他所撰《玄怪录》中的《岑顺》。这是一篇小说，借岑顺以记他象棋制度的。原文颇长，兹节录如下：

汝南岑顺字孝伯，旅于陕州。其外族吕氏有山宅，将废之，顺请居焉。夜中闻鼓鼙之声，独喜自负，以为石勒之祥。祝之曰：『阴兵助我，当示我以富贵期。』数夕后，梦一人被甲胄前报曰：『金象将军使我语岑君，军城夜警有喧诤者，既负壮志，能猥顾小国乎？』顺谢曰：『犬马之志，惟欲用之。』使者复命。顺忽然而寤，俄然鼓角四起，须臾有卒赍书云：『将军传檄。』顺受云：『天那国北山贼合从，克日会战。』顺室中益烛，坐观其变。夜半后，鼓角四发，两皆列阵，东壁下是天那军，西壁下是金象军。部设各定，军师进曰：『天马斜飞度三止，上将横行系四方，辎车直入无回翔，六甲次第不乖行。』王曰：『善。』于是鼓之，两军各有一马，斜去三尺止。又鼓之，各有一步卒横行一尺。又鼓之，车进。如是鼓渐急，而各出物色，矢石乱交。须臾之间，天那军大败。如是数日会战，胜败不常。王宴馔珍筵，与顺致宝贝明珠珠玑无限。顺遂荣于其中，所欲皆备。后遂亲朋稍绝，闭关不出。

家人异之，莫究其由，而顺颜色憔悴，为鬼气所中，诘之不言。饮以醇醪，醉而究泄之。潜备锹锸，因顺如厕而隔之。荷锸乱作，掘室内八九尺，忽坎陷，是古墓也。墓有金床戏局，列马满枰，皆金铜成形，其干戈之事备矣。乃悟军师之词，皆象戏行马之势也。既而焚之，遂平其地。多得宝贝，皆墓内所蓄者。顺阅之，恍然而醒，乃大吐，自此充悦，宅亦不复凶矣。时宝应元年也。

按：宝应为唐代宗年号，元年(762)距文宗开成己未(839)相隔不过七十七年而已，是言牛氏所创，确非虚词。此虽神话，要为牛氏自述其制。观其所述，有马将车卒，名称与今象棋全同，惟尚无士象炮三棋。至马将卒的行法，亦与今同，惟车直入无回翔，与今稍异耳。

到了南宋，则已与今制完全相同了。刘克庄有《象弈一首呈叶潜仲》云：

小艺无难精，上智有未解。君看橘中戏，妙不出局外。屹然两国立，限以大河界。连营禀中权，四壁设坚械。三十二子者，一一具变态。先登如挑敌，分布如备塞。尽锐贾吾勇，持重伺彼怠。或迟如围莒，或速如入蔡。远炮勿虚发，冗卒要精汰，负非繇寡少，胜岂击强大？昆阳以象奔，陈涛以车败。匹马郭令来，一士汲黯在。献俘将策勋，得隽众称快。我欲筑坛场，孰可建旗盖？叶侯天机深，临阵识面背。纵未及国手，其高亦无对。狃捷敢饶先，讳输每索再。宁为握节死，安肯屈膝拜？有时横槊吟，句法尤雄迈。愚虑仅一得，君才乃十倍。霸图务并弱，兵志贵攻昧。虽然屡克获，讵可自侈忕！吕蒙能馘羽，卫瓘足缚艾。南师未可轻，夜半防斫寨！

此诗中所谓两国主，当如今的将帅，大河界当如今的汉河楚界，其他如炮卒象车马士，与今无一不同，且名称亦无差异。而北宋时所谓偏裨行人之类，至此均已改换过了。所以今日的象棋制度，实始于南宋，是可无疑义的。

三 球戏

Ball Games

现在各种的球戏，大家都知道是传自外域的。但我国古时实也有球戏，最早称为蹴鞠，后来又称为打球或击球，初本为练习武艺，后则用于嬉戏，如汉刘向《别录》云：

蹴鞠者，传言黄帝所作，或曰起战国之时。蹋鞠兵势也，所以练武士知有材也，皆因嬉戏而讲练之。

所谓"黄帝所作"只是"传言"而已，恐怕传言永远是传言的，倒是"起战国之时"较为可信。这一种鞠与后世的球微异，如唐颜师古注《汉书·霍去病传》云："鞠以皮为之，实以毛，蹴蹋而戏也。"与后世之用气者不同。

汉时此戏颇为盛行，诸帝多爱好的，如晋徐广《弹棋经序》称：“汉武帝平西域，得胡人善蹴鞠者，帝好而为之，群臣不能谏。”《西京杂记》称：“成帝好蹴鞠。”又如晋陆机《鞠歌行序》云：“汉宫阁有含章鞠室，灵芝鞠室。后汉马防第宅卜临道，连阁通池，鞠城弥于街路。”《汉书·霍去病传》云：“去病尚穿域蹋鞠也。”均可见当时不但宫中有鞠室，连贵族私人第宅中也有的。

到了唐代，于是始改蹴鞠为打球，其制亦略有改变，如唐封演《封氏闻见记》云：

打球，古之蹙踘也。……近俗声说蹋踘为球，字亦从而变焉，非古也。太宗常御安福门，谓侍臣曰：『闻西蕃大好打球，比令亦习，曾一度观之。昨升仙楼有群胡街里打球，欲令朕见此胡，疑朕爱此，聘为之。以此思量，帝王举动，岂宜容易！朕已焚此球以自戒。』景云中，吐蕃遣使迎金城公主，中宗于梨园亭子赐观打球。吐蕃赞咄奏言：『臣部曲有善球者，请与汉敌。』上令仗内试之，决数都，吐蕃皆胜。时玄宗为临淄王，中宗又令与嗣虢王邕、驸马杨慎交、武延秀等四人敌吐蕃十人。玄宗东西驱突，风回电激，所向无前，吐蕃功不获施。其都满赞咄尤此仆射也。中宗甚悦，赐强明绢数百段。学士沈佺期武平一等皆献诗。开元、天宝中，玄宗数御接，观打球为事。能者左萦右拂，盘旋宛转，殊可观；然马或奔逸，时致伤毙。永泰中，苏门山人刘钢，于邺下上书于刑部尚书薛公云：『打球一则损人，二则损马，为乐之方甚众，何必乘兹至危，以邀晷刻之欢耶？』薛公悦其言，书钢之言，置于座右，命掌记陆长源为『赞美』，美之。然打球乃军州常戏，虽不能废，时复为耳。今乐人又有蹑球之事，戏彩画木球高一二丈，妓女登蹋球转而行。萦回去来，无不如意，古蹋球之遗事也。

此言唐的打球情形甚详，是骑马而打，人数似无一定，故中宗令四人以敌吐蕃十人。另有蹋球，则不打而蹑，球用木制，且高至一二丈，似较常球为特大，封氏以为亦“古蹴鞠之遗事”，大约同属于球的缘故罢！若言其戏法，实大不相同的。又打球亦称击球，如《资治通鉴》云：

唐僖宗好蹴鞠斗鸡，尤善击球，尝谓优人石野猪曰：『朕若应击球进士举，须为状元。』对曰：『若进尧舜作礼部侍郎，恐陛下不免驳放。』上笑而已。

此击球必为打球无疑。同书又云：

广明元年三月，田令孜奏以陈敬瑄、杨师立、牛勖、罗元杲镇三川，上令四人击球赌之，敬瑄得第一筹，即以为西川节度使。

广明即僖宗年号，竟以击球得胜为任官标准，亦可见僖宗爱好之甚了。又据《旧唐书·郭英乂传》所说，居然有："聚女人骑驴击球，制钿驴鞍及诸服用，皆侈靡装饰，日费数万以为笑乐。"又宋钱易《南部新书》，竟说："胡澌为辩州刺史，好击球，南方马庳小不善驰，因命夷民十余辈肩舁，据辇抶杖。"更可谓想入非非了。又当时的球已与古制不同，如宋刘攽《贡父诗话》引归氏子弟嘲皮日休云："八片尖皮砌作球，火中燂了水中揉。一包闲气如常在，惹踢招拳卒未休。"倒与今制的球完全相同了。

至于宋，打球已被认为是重要礼仪之一，由太宗令有司详定仪式，于三月举行，帝且亲自出击，仪式甚为隆重，详载《宋史·礼志》中。另据宋孟元老《东京梦华录》云，有小打大打之分：

先设彩结小球门于殿前，有花装男子百余人，皆裹角子向后拳曲花幞头，半着红，半着青，锦袄子，义襕束带丝鞋，各跨雕鞍花鞴驴子，分为两队，各有朋头一名，各执彩画球杖，谓之『小打』。一朋头用杖击弄球子，如缀球子方坠地，两朋争占，供与朋头。左朋击球子过门入孟为胜，右朋向前争占不令入孟，互相追逐，得筹谢恩而退。续有黄院子引出宫监百余，亦如小打者，但加之珠翠装饰，玉带红靴，各跨小马，谓之『大打』。

此小打竟用男子百数人，可谓盛极。而打时有门有孟，孟当是网，如《文献通考》所谓“蹴球戏，植两修竹高数丈，络网于上，为门以度球”是也。此种球戏，骑马执仗，实如今日西人所谓杖球，恐怕同出一源的。

此外还有一种“回力球”，虽后来变成为博戏，但起初倒也与其他球戏一样是供人娱乐的。据胡道静《古贝斯克球艺风行上海》一文云：

回力球，古时贝斯克（Basque，现译巴斯克——编者注）人的一种球戏，从西班牙输入上海，现在已成为上海最普遍的室内运动之一。一九二八年之秋，有一个中央运动场的，是为输入回力球及提倡斗拳的目的而出现。会场构成之后，就从埃及的开罗，维基尼亚的亚历山大里亚，西班牙的巴塞纳（现译巴塞罗纳——编者注）募集职业回力球家。古回力球的比赛，在一九二九年二月七日，显其第一次景象于中央运动场的观众之前，那晚上有二十四个比赛者参加这场大启幕的节目。竞赛速率之高，是回力球最吸引学习者原因之一，但上海的运动家很难去学会它，所以直等到一九三〇年十二月新募的艺者从海外来，球赛方始能够充分地继续举行。新的回力球家自古巴、巴西、西班牙而来，回力球在上海乃告一定之成功。

可知回力球之输入我国，始于1928年，但到现在已被禁止了。

四 拳击

Boxing

拳击亦称摔角，又称相扑、争交，古时则称角抵，亦作觳抵、角觝。原为我国古时的武术，后乃以为戏乐，如《史记·李斯列传》云：

是时二世在甘泉，方作觳抵优俳之观。（集解）应劭曰：『战国之时，稍增讲武之礼，以为戏乐，用相誇示，而秦更名曰角抵。角者，角技也，抵者，相抵触也。』文颖曰：『案秦名此乐为角抵，两两相当，角力角伎艺射御，故曰角抵也。』骃案觳抵即角抵。

可知战国时本为讲武之礼。所谓角抵者，除角力以外，尚有角伎艺射御，即犹今之各种技艺比赛，故汉时即以为杂戏的总称，如《汉书·武帝纪》云：

元封三年春作角抵戏。（注）应劭曰：『角者，角技也，抵者，相抵触也。』文颖曰：『名此乐为角抵者，两两相当，角力角技艺射御，故名角抵，盖杂技乐也，巴渝戏，鱼龙蔓延之属也。』师古曰：『抵者当也，非谓抵触，文说是也。』

是汉时所谓角抵，已把巴渝戏及鱼龙蔓延等也包括在内，不专指为角力的事了。但后世因称此种杂戏又为百戏，于是角抵也就变为专称角力的戏了，或称相扑，如宋耐得翁《都城纪胜》云：“相扑争交，谓之角觝之戏。”又宋吴自牧《梦粱录》，则述宋时相扑之制更详。《梦粱录》云：

角觝者，相扑之异名也，又谓之争交。且朝廷大朝会圣节御宴第九盏，例用左右军相扑，非市井之徒，名曰内等子。元于殿前诸军选膂力者充应，设额一百二十名，三年一次。前辈朝官曾赴御宴，有诗咏曰：『虎贲三百总威狞，急飐旗催叠鼓声。疑是啸风吟雨处，怒龙彪虎角亏盈。』盖为渠发也。瓦市相扑者，乃路岐人聚集一等伴侣，以图标手之资。先以女飐数对打套子，令人观睹，然后以膂力者争交。若论护国寺南高峰露台争交，须择诸道州郡膂力高强天下无对者方可夺其赏。顷于景定年间，贾秋壑秉政时，曾有温州子韩福者，胜得头赏，曾补军佐之职。杭城有周急快、董急快、王急快、赛关索、赤毛朱超、周忙憧、郑伯大、铁稍工、韩通住、杨长脚等，及女占赛关索、嚣三娘、黑四姐女众，俱瓦市诸郡争胜，以为雄伟耳。

可知宋时不但有官相扑，而且有瓦市相扑，男手以外，尚有女手。又据宋周密《武林旧事》所载诸色伎艺人，除角觝外，又有乔相扑元鱼头等九人，当亦是相扑的一种，或者如今江湖卖艺者假作两个人形，以一人俯伏相戏，其状亦如相扑，故称为乔罢！到了现在，此种技艺仍复流行，尤其在蒙古为更盛，如《内蒙古风俗志》云：

蒙人嗜好摔角，颇有古罗马人之风焉。每于鄂博祭日，为正式举行期。角者着短衣，或袒身登场而斗，以推倒对手为胜。王公或本村绅士，授胜者果品布类，以资奖励。此风盛行于大漠南带及山岭地方，边城附近罕见之。

其称为"有古罗马人之风"，实为我国原有之风耳，因我国之有此戏，已有两千余年的历史了，不在古罗马之后的。

五 杂耍

Variety Show

杂耍 杂耍最早称为“角抵”……其后又称为“百戏”……名目至多，现在所常见者，如上竿、走索及踢弄等等皆是。

杂耍最早称为"角抵"，如《汉书·武帝纪》云："元封三年春，作角抵戏。"文颖曰："名此乐为角抵者，两两相当，角力角技艺射御，故名角抵，盖杂技乐也；巴渝戏、鱼龙、蔓延之属也。"又如汉张衡作《西京赋》，其中写平乐观杂技一段，亦云："临回望之广场，程角觝之妙戏。"觝与抵同。其始起于秦时，《史记·李斯列传》曾云："是时二世在甘泉，方作觳抵优俳之观。"觳抵亦即角抵。因此后世称杂技的，均云起自秦汉。其后又称为"百戏"，如《后汉书·安帝纪》有"罢鱼龙蔓延百戏"之语，大约后汉时又改此称。又如梁元帝《纂要》："百戏起秦汉。"皆称百戏而不名角抵了。其所以称为百戏者，大约如《隋书·音乐志》所谓："奇怪异端，百有余物，名为百戏。"盖此种杂技，名目最多，无以统之，故统之以百。至唐则又称为"杂戏"，如《旧唐书·音乐志》云："大抵散乐杂戏多幻术。"杂亦与百意同，皆形容其名目繁多之意。其后或称百戏，或称杂戏，并无一定，要以百戏为较多。惟角抵则已专属于角力一类，即俗称相扑或争交，称此者已渐少了。

到了元代，又称为“把戏”，如徐珂《清稗类钞》云：“江湖卖技之人，如弄猴舞刀及搬演一切者，谓之顽把戏，本元时语也。”但此“把”字颇与“百”字音近，我疑还是从百字讹读而来的。至清则又称为“杂耍”，如李斗《扬州画舫录》云：“杂耍之伎，来自四方。”其下所举杂耍，实即百戏或杂戏。现在也以称杂耍为多，其实“耍”字还是等于戏字的，不过看来较为不庄重而已。

杂耍的名目至多，现在所常见者，如上竿、走索及踢弄等等皆是。说到上竿与走索，汉时就有了的。上竿即《汉书·西域传赞》所谓“都卢”，据注引晋灼曰：“都卢，国名也。”又李奇曰：“都卢体轻善缘也。”是此戏传自都卢，故名。都卢不知在何地，大约总在西域一带罢！其戏后世又称寻橦，又称长竿，但均缘竿上而作戏，故今称为上竿，在马戏班中常可看到的。汉张衡《西京赋》云：

尔乃建戏车，树修旃。侲童程材，上下翩翻。突倒投而跟絓，譬陨绝而复联。百马同辔，骋足并驰。橦末之技，态不可弥。弯弓射乎西羌，又顾发乎鲜卑。（薛综注）旃谓幢也，建之于戏车上也。侲之言善，善僮幼子也。程犹见也，材，伎能也，翩翻戏橦形也。突然倒投，身如将坠，足跟反絓橦上，若已绝而复连也。百马同辔，骋足并驰，于橦上作其形状者。弥，犹极也，言变巧之多不可极也。弯，挽弓也。鲜卑在羌之东，皆于橦上作之。

此为叙上竿之最早见于载籍者，可知汉时作此戏，下有戏车，上竖长竿。（按：幢与橦同。《玉篇》云："橦，竿也，或作幢。"大约橦上别有旗帜，故赋作旃罢！）幼童缘竿而上，作种种技能，如翩翻倒投之类。

此种伎戏，历代盛行不绝，大约初多为外人所演，后则国人亦有能之者，如《隋书·沈光传》云：

光少骁捷，善戏马，为天下之最。……初建禅定寺，其中幡竿高十余丈，适遇绳绝，非人力所及，诸僧患之。光见而谓僧曰：『可持绳来，当相为上耳。』诸僧惊喜，因取而与之。光以口衔索，拍竿而上，直至龙头，系绳毕，手足皆放，透空而下，以掌拒地，倒行数十步。观者骇悦，莫不嗟异，时人号为『肉飞仙』。

这虽未述光演上竿之戏，然能“拍竿而上”“透空而下”，可知他也善于此戏，只是传中未述及耳。至唐时又有女子演此者，如唐郑处诲《明皇杂录》云：

玄宗御勤政楼，大张乐，罗列百伎。时教坊有王大娘者，喜戴百尺竿，竿上施木山，状瀛洲方丈，令小儿持绛节出入于其间，歌舞不辍。

又唐苏鹗《杜阳杂编》云：

上（敬宗）降日，大张音乐，集天下百戏于殿前。时有妓女石火胡，本幽州人也，挈养女五人，才八九岁，于百尺竿上张弓弦五条，令五女各居一条之上，衣五色衣，执戟持戈舞《破阵乐》曲。俯仰来去，赴节如飞。是时观者目眩心怯。火胡立于十重朱画床子上，令诸女迭踏以至半空，手中皆执五彩小帜。床子大者始一尺余。俄而手足齐举，为之《踏浑脱》，歌呼抑扬，若履平地。上赐物甚厚。文宗即位，恶其太险伤神，遂不复作。

此所述王大娘石火胡者，皆女流之辈，而竿上又施以木山及床子之类，且歌且舞，如履平地，比之前述倒投之类，是又惊险万分了。至如清彭士望《九牛坝观觝戏记》所云：

初则累重案，一妇仰卧其上，竖双足承八岁儿，反覆卧起，或鹄立合掌拜跪，又或两肩接足，儿之足亦仰竖，伸缩自如。间又一足承儿，儿拳曲如莲出水状。其下则二男子、一妇、一女童与一老妇，鸣金鼓，俚歌杂佛曲和之，良久乃下。又一妇登场如前卧，竖承一案，旋转周四角，更反侧背面承之。儿复立案上，拜起如前仪。儿下，则又承一木槌，槌长尺有半，径半之，两足圆转，或竖抛之而复承之。妇既罢，一男子登焉，足仍竖，承一梯可五级，儿上至绝顶，复倒竖穿级而下。

这虽非上竿，实与上竿为一类，至今各地犹常见到的。

至于走索，亦称为高絙、踏索、履索、走绳等等，近又有走钢丝，是不过将绳索易为钢丝而已，技术尽同。最早亦始于汉，如汉蔡质《汉官典职》述鱼龙之后，即接着云："以两大丝绳，系两柱头中间，相去数丈，两倡女对舞，行于绳上，对面道逢，切肩不倾。"又《西京赋》亦云："走索上而相逢。"薛综注："索上，长绳系两头于梁，举其中央，两人各从一头上，交相度，所谓儛絙者也。"是汉时用两人对走，使切肩而不相倾。晋以后则称为高絙，时除时复。唐称戏绳或走索，张楚金《观绳伎赋》，所谓："横亘百尺，高悬数丈。""窈窕相遇，蹁跹却步。寄两木以曳摋，有双童而并骛。"是与汉时所戏仍相同的。宋时或称上索或称踏索。《梦粱录》中又有所谓"脱索"，索上担水，索上走的，当同属一类，不过动作稍有歧异而已。至于清代，也有一人走的，如彭士望《九牛坝观觝戏记》所云：

走索 走索，亦称为高絙、踏索、履索、走绳等等，近又有走钢丝，是不过将绳索易为钢丝而已，技术尽同。

其人更移场他处，择草浅平坡地，去瓦石，乃接木为桥，距地约八尺许。一男子履其上，傅粉墨，挥扇杂歌笑，阔步坦坦，时或跳跃。后更舞大刀，回翔中节。此戏吾乡暨江左时有之，更有高丈余者，但步不能舞。最后设软索，高丈许，长倍之，女童履焉。手持一竹竿，两头载石如持衡行至索尽处，辄倒步或仰卧，或一足立，或偃行，或负竿行如担，或时坠挂复跃起。下鼓歌和之，说白俱有名目，为时最久，可十许刻。女下，妇索帕蒙双目为瞽者，番跃而登，作盲状，东西探步，时跌若坠，复摇幌似战惧。久之乃已，仍持竿，石加重，盖其衡也。

以上所说上竿走索，至今各地尽多有人戏演，可知渊源很古，盖已有两千余年的历史了。

踢弄在宋时统称为杂手艺。如宋吴自牧《梦粱录》所载，有下列数种：

杂手艺即使艺也，如踢瓶、弄碗、踢磬、踢缸、踢钟、弄花钱、花鼓槌、踢笔墨、壁上睡、虚空挂香炉、弄花球儿、拶筑球、弄斗、打硬、教虫蚁、弄熊、藏人、烧烟火、藏剑、吃针、射弩端、亲背、攒壶瓶、绵包儿、撮米酒、撒放生等艺。

按：汉张衡《西京赋》有："冲狭燕濯，胸突铦锋。跳丸剑之挥霍，走索上而相逢。"走索已如上述者外，所谓冲狭诸语，据薛综注云：

卷簟席以矛插其中，伎儿以身投从中过。燕濯，以盘水置前坐，其后踊身张手跳前，以足偶节，逾水复却坐，如燕之浴也。挥霍，谓丸剑之形也。

是冲狭、燕濯、丸剑乃三种戏名，《文献通考》有透剑门戏："攒剑为门，伎者裸体掷度，往复不伤，亦冲狭之变欤？"至今此种伎戏，亦时可见，可知犹未绝响。燕濯则后世似无所闻。丸剑据《庄子·徐无鬼》有："市南宜僚弄丸而两家之难解。"郭象注云：

市南宜僚善弄丸铃，掷八个在空中，一个在手。楚与宋战，宜僚披胸受刃，于军前弄丸铃，一军停战，遂胜之。

又《列子说符》云:

宋有兰子者,以技于宋元,宋元召而使见。其技以双枝长倍其身,属其胫,并趋并驰,弄七剑迭而跃之,五剑常在空中。元君大惊,立赐金帛。

此二则所云,一为弄丸,一为弄剑,皆掷于空中,交互取掷,似即赋所谓"跳丸剑之挥霍",亦即汉李尤《平乐观赋》中所谓"飞丸跳剑"罢!此种后世亦非绝对没有,而《梦粱录》中的种种踢弄,其实都可属于此类。弄则或为手弄,或为足弄,踢则专限于足而已,其艺更较手弄为难。兹据前人笔记所载,引录数则于后。清诸联《明斋小识》云:

有绳妓来吾乡，兼善弄甏。面若铁，足巨如箩，观者盻盻然笑之。妇曰：『诸公且弗笑，凡绳戏人皆以色，咱独以艺。诸公若爱色，则勾栏院中岂少佳丽，何必绳？兹所乏者容耳，以身事人固不能，但艺不在人下，今且先试余技，视彼涂脂抹粉者何如？』遂仰卧于地，伸足弄甏，旋转如丸。少焉左足掷甏，高约二丈，将坠，以右足接之，右足掷，左足接之。更置一甏，两足运两甏，往来替换，若梭之投，若球之滚，若鸟之飞翔，忽欹忽侧，而不离于足。又以足承梯，使小儿缘之上，逐层筋斗，屹不竭动，寓目者诧为奇。究缘貌故，不能得厚赀，住两日便去。

此为弄甏，与古之弄丸剑者固无异，而不用手用足，则与《梦粱录》所谓踢瓶踢缸正同。又徐珂《清稗类钞》云：

光绪庚子春正月，京师杂耍馆有王某献技，运酒坛如气球，其名为坛子王。家居麻线胡同，身伟露顶，衣短衣。以一大绍兴酒坛厚寸许者置台上，刮磨光润，画以金龙五色云。以铁器扣其四周，声琅琅然，盖恐人疑其非陶器也。手提而弄之，中铮铮作响，盖置铜铁等丝于内也。始则两手互掷互承，如辘轳转于两臂两肩及背；继则或作骑马势，而掷坛出跨上，摩背跃过顶，承以额，砨然有声。人咸虑其脑裂，而彼恬然也。坛立于额，不以手扶，屡点其首，则坛盘旋转于额，或正立，或倒立，或竖转，或横转。坛中铜铁丝声，与坛额相击撞，铮铮砨砨，应弦合节。俄以首努力一点，则坛上击屋梁，听其下坠于地，地为震动，而坛不少损，则又取弄如前。复上出，仍承之以额，而或承坛口之边，或承坛底之边，如刀下斫其首，而不知痛。手叉腰，坛欹附于额，绕场行数十周，且揖且跽，且稽首且起立，且下卧且辗转反侧，而坛如有所系，虽作摇摇欲坠状，而仍不坠也。复努之上及屋，或承以一指，或衔以口，如是者数四往复，则坐而少休，气不喘色不变也。乃复运之以一臂，绕臂转如风轮，见坛不见臂也。继复运以两臂，左右齐转，则如有两坛分绕两臂者，而不击撞，亦仍一坛也。次运以指亦如之。次则且运且劈之，闻空中作裂瓦破瓿声，视坛忽若左右分作两半者，忽若上下分作两截者，忽张手揸坛腹而擎之若坛有柄者，忽握坛口而起若坛有胶者，诚不可测也。又径以坛置于顶，而袖其两手，如束缚，始以头努坛起，承以肩，左右努之，则左右跳掷。次承以腰以尻，左右努之，则左右跳掷。次承以膝，亦如之。次承以足背，左右踢之。次承以大指，亦左右踢之，复上出之，而次第下之。继乃上下飞腾，四面盘辟，不辨其是肩是背是腰是尻是膝是足，第见满身皆坛，满台皆坛。始则犹见一人袖手转侧于坛阵中，继则观者满眼皆坛，不复见人，观者靡不咄咄称奇。方迷乱间，其人忽欻然仆地仰卧，坛自屋梁下，击其鼻，群大惊，而坛且兀立鼻尖。复努力而起，忽倒竖以两足捧坛直立，以两手履地，绕场而行，两足复分，顶其左右坛，承掷如手弄。良久，忽作虎跳，横转如车轮，而坛随之。忽翻筋斗，起落如蚱蜢跃，而坛亦随之。复两足踢坛上击屋空中，坛与人俱如败叶转，坛忽着地，而兀立其上，向众揖云：『坛子王献丑。』

此其所述，诚属神乎其技，盖浑身皆能戏，变化百出，可谓集踢弄的大成了。又清蒋士铨《京师乐府词》中有《弄盆子》一篇，也是杂手艺之一，写得极为生动。原词云：

先掷一盆当空起，再持一竿拄盆底。竿头盆转如旋床，持竿之人目上视。竿竿衔尾次第续，忽直忽弯随所使。露盘端正向天承，莲叶偏翻任风倚。竿人举趾飘惊鸿，疾行缓步仍从容。乃知持竿若把笔，收撇顿挫皆中锋。有时作势令盆滚，竿欲离盆盆自稳。暗里抽竿盆不知，仍剩一竿相播引。以竿植地足挽之，双手合掌不肯持。回眸视盆尚旋转，宛若天龙献钵随禅师。须臾竿绕肩左右，优昙乱开珠四走。旁人惊恐彼失笑，盆乃完全竿脱手。吁嗟乎！尔作游民身手利，何不从师舞剑器？不见飞仙肉身名沈光，军中共拜王铁枪。

又如清魏元旷《都门琐记》所云：

杂耍有以一木贯两巨石，一人仰卧，竖两足擎之，木两端近石，各二人踏肩立，中复一人，亦以木贯两巨石，举而转之，久乃下，两足所擎近千觔。又有以极大猫头竹一竿，用五色绸扎径丈之蝴蝶，置于竹端。一人举而向上掷之，又两手于腰际，仰承以面，竹矗立额上，端正不动。再掷承之以鼻，再承以齿及承以腹，则身如桥衡。其掷皆以首，徐于腹上举而下之。或架以径丈木龙，刻其鬣如利刃，人上下凭虚旋绕，稍着鬣则胸腹皆穿。

这也是踢弄的一类，不用甏盆而用竿，其伎实亦难能而可贵的。至于《梦粱录》中所谓壁上睡，挂香炉，藏剑吃针，撮米酒，撮放生等等，实应属于魔术一类，兹不赘述。

六 魔术

Magic

魔术即古所谓幻术，或云变戏法、撮戏法。其初实传自西域，如《旧唐书·音乐志》所云：

大抵散乐杂戏多幻术，幻术皆出西域，天竺尤甚。汉武帝通西域，始以善幻人至中国。安帝时，天竺献伎能自断手足，刳剔肠胃。自是历代有之。我高宗恶其惊俗，敕西域关令，不令入中国。

然其实并未禁绝，在民间还是很盛行的；而且演此者不仅为外人，国人也渐习其风而能戏演的了。按：《史记·大宛传》云：

汉使至安息，安息王令将二万骑迎于东界。东界去王都数千里。行比至，过数十城，人民相属甚多。汉使还，而后发使，随汉使来观汉广大，以大鸟卵及黎轩善眩人献于汉。（索隐）韦昭云：『眩人，变化惑人也。』《魏略》云：『黎轩多奇幻，口中吐火，自缚自解。』小颜亦以为今之吞刀吐火植瓜种树屠人截马之术皆是也。

又《汉书·张骞传》云：

大宛诸国发使，随汉使来观汉广大，以大鸟卵及犛靬眩人献于汉。（注）应劭曰：『卵大如一二石瓮也。眩相诈惑也。邓太后时，西夷檀国来朝贺，诏令为之。而谏大夫陈禅以为夷狄伪道，不可施行。后数日，尚书陈忠案汉旧书，乃知世宗时犛靬献见幻人，天子大悦，与俱巡狩，乃知古有此事。』师古曰：『鸟卵如汲水之瓮耳，无一二石也，应说失之。眩读与幻同，即今吞刀吐火植瓜种树屠人截马之术皆是也，本从西域来。』

观此二文，可知幻术实从西域传来，而此西域为黎轩，或作犛靬，据师古注"即大秦国也"，是为古之罗马。又据日本人松井等《世界文化史大系图》所载，则犛靬实即今之埃及亚历山大利亚港，时属罗马。随汉使当指张骞，骞还朝在公元前一二六年，是此种幻术，即传自那时的。但另据《西京杂记》及晋王嘉《拾遗记》所载，则周时已有此种幻术了，如《西京杂记》云：

余少所知有鞠道龙善为幻术，向余说古时事。有东海人黄公，少时为术，能制龙御虎，佩赤金刀，以绛缯束发，立兴重雾，坐成山河。及衰老，气力羸惫，饮食过度，不能复行其术。秦末，有白虎见于东海，黄公乃以赤刀往厌之，术既不行，遂为虎所杀。三辅人俗用以为戏，汉帝亦取以为角抵之戏焉。

又如《拾遗记》云：

周成王七年，南陲之南有扶娄之国，其人善能机巧变化，易形改服，大则兴云起雾，小则入于纤毫之中。缀金玉毛羽为衣裳，吐云喷火，鼓腹则如雷霆之声，或化为犀象狮子龙蛇火鸟之状，或变为虎兕，或口吐人于掌中，备百戏之乐，宛转屈曲于指间。见人形或长数分，或复数寸，神怪欻忽，衒丽于时。

但两书均为小说家言，恐出诸传闻，未必可信。惟王说云传白扶娄，则此术非我国所固有，是可信无疑的。至此种大秦人所献究为何种幻术，可观《后汉书·西南夷传》所载：

安帝永宁元年，掸国王雍由调复遣使者诣阙朝贺，献乐及幻人，能变化吐火，自支解，易牛马头。又善跳丸，数乃至千。自言我海西人，海西即大秦也，掸国西南通大秦。

按：掸国据近人丁谦考证，谓是"种人之名，今云南广西迤南皆有其人"，又谓"大秦来中国，盖由地中海至埃及登陆行，直望红海过印度洋，至缅甸南境，再陆行北入掸人地"云。

然此种魔术还是简单得很，至后来便更神奇，如清纪昀《阅微草堂笔记》云：

戏术皆手法捷耳，然亦实有搬运术。忆小时在外祖雪峰先生家，一术士置杯酒于案，举掌拍之，杯陷入案中，口与案平。然扪案下，不见杯底，少顷取出，案如故。此或障目法也。又举鱼脍一巨碗，抛掷空中不见，令其取回，则曰：『不能矣，在书室画橱夹屉中，公等自取耳。』时以宾从杂遝，书室多古器，已严扃，且夹屉高仅二寸，碗高三四寸许，断不可入，疑其妄。姑呼钥启视，则碗置案上，换贮佛手五，原贮佛手之盘，乃换贮鱼脍，藏夹屉中。是非搬运术乎？理所必无，事所或有，类如此。

此所谓搬运术实是魔术，然较之吐火之类更为神奇。又蒲松龄《聊斋志异》所述偷桃，有较前述为更奇者，此真神乎其技，魔术中所谓“大套”的了。其术人似亦为江湖卖艺之流，非外人也。到了清末，又有西人来华表演魔术，当时称为洋戏，如王韬《瀛壖杂志》所记：

西人戏术，若转盘，若缘橦，若登梯，若假面具，回巧献技，不可殚名，而尤以术师瓦纳所演为冠场。戏院顶圆如球，楼岑明灯千点，密干莲房，其光倒映，朗彻如昼。至时泰西士女，宝马香车，络绎奔赴。须臾座客已满，西人而外，粤国裙钗蛮姬粉黛居多。台上障以绛帘，乐作帘开，中悬一八角图，纸牌遍列其上。术人出，与客为礼，以指弹之，如飞絮落花随风飘堕。取牌六叶置枪中，机动弹发，振地一声，而牌仍在架，神斤鬼斧，不倚不偏。又借客之约指手巾，以炫其奇。约指则倩客闭置盒中，手巾则红白二幅各剪一围，略一指挥，则红白互补，形如满月，又如较射之鹄，顷刻还原，真如天衣无缝，略无补缀痕，约指已挂台上花枝，其变幻不可思议。术人取盒一具，内扁而外方，内置一表，倩客锁闭。台供一器，形类铜钟而有针旋转，如台上之针所指何方，则盒内亦然，屡演不爽累黍。最后取客一高冠，其中空无所有，术人手探之，则取出衣一巾一袴一皮盒一。盒长五寸，盒中有盒层出不穷，至十二具累累堆置案上，使复纳入，则一盒都不能容，其巧妙实出言思拟议之外。又向冠中取出纸裹洋糖饷客，冠转而糖出，有若连星贯珠，座客食之几遍。旋将冠置台表，忽冠中有声如枪，震冠为裂，火焰荧然。术人踏火使熄，冠扁作愧赧状，乃叠冠入一铅管中。忽枪发如震霆，冠悬于梁，梁高不可攀，枪再震，则冠已落地，举以还客。俄而西国女童，自帏际姗姗而出，年约十数龄，一种秀曼之气，如初出芙蓉，光彩四射，能作广寒仙子，御风而立。又能作寿阳醉态，横卧空中。其他略如中国搬演戏剧，第妙手空空，绝不借助于寸巾尺袱，所以为佳。其最惊心动魄者，则以匕首决人头也。时绛帘骤下，乐声乌乌，殊惨人耳。帘启，则术人短衣持铃而立，旁一人与术人对峙，术人铿然摇铃作声，其人即昏然如醉。术人引之挺卧桌上，出一剑，光鉴毫发，甫下而头落，血花直喷空际。术人盛首于盘，下台遍示座客头犹温暖，面色灰败，启其唇以视，犀齿宛然。仍登台还首于颈，喃喃有词，少顷手足能动，瞬而起坐，与客为礼。恐偃师之技未必有此神奇，泰西闺秀至有不敢仰首正视者，此真可谓无迹象可寻者矣。

此所述戏术，前数种殊无足观，惟后一种较为惊奇，但也不过如古所谓“屠人”而已。同时徐珂《清稗类钞》亦载其文，云在“同治甲戌四月初一夜”，地点在“上海圆明园路西人戏团”，瓦纳则为英人。此外葛元煦《沪游杂记》、黄协埙《淞南梦影录》，亦均有同样记载，足见此种戏术在当时颇为轰动的。至于今，魔术更日新月异，神出鬼没，不可与昔同语了。

七 兽戏

Beast Performance

以兽为戏，现在马戏班中最多，这在古时早就有了，惟其初皆系伪作，如汉张衡《西京赋》中所云：

总会仙倡，戏豹舞罴。白虎鼓瑟，苍龙吹篪。……熊虎升而拏攫，猨狖超而高援。怪兽陆梁，大雀踆踆。白象行孕，垂鼻辚囷。……蟾蜍与龟，水人弄蛇。奇幻倏忽，易貌分形。

此中豹罴等等，据薛综注“皆伪作也”，故所谓戏舞鼓瑟吹篪等等，仍是人为而非兽真能戏的。戏此者据《汉书·礼乐志》称为“象人”，孟康注谓：“象人若今戏虾鱼师子者也。”到了魏晋南北朝时，还多如此，如《晋书·乐志》所谓：“巨象行乳，神龟抃舞。”《魏书·乐志》所谓：“增修杂伎，造麒麟、凤凰、长虵、白象、白虎、辟邪。”以及《隋书·音乐志》所谓孔雀、凤凰、文鹿、师子之类，都决不是真的禽兽之戏，也还是伪作的。推其极，不过如三国魏明帝时，扶风人马钧作木人百戏，能自转动而已。《三国志·杜夔传》注引傅玄云：

马先生天下之名巧也。名钧字德衡。……以大木雕构，使其形若轮，平地施之，潜以水发焉。设为女乐舞象，至令木人击鼓吹箫；作山岳，使木人跳丸掷剑缘絙倒立，出入自在；百官行署，舂磨斗鸡，变巧百端。

但在北朝赵主石虎时，据晋陆翙《邺中记》所载，有猿骑之戏，则略似兽戏了。记云：

石虎正会，殿前作乐……衣伎儿作猕猴之形，走马上，或在胁，或在马头，或在马尾，马走如故，名为猿骑。

这种猕猴虽还是人饰，但马是真马，实为后世马戏的滥觞。至宋谢庄梁张率所作《舞马赋》，皆为真马而能作戏的。张赋有序云："河南献赤龙驹，有奇貌绝足，能拜善舞，天子异之，使臣作赋。"可知此种马极难得，故天子以为异。到了唐代，则马戏已为常有，如唐郑处诲《明皇杂录》云：

玄宗常命教舞马四百蹄，各为左右，分为部曰某宠某家骄。时塞外亦有善马来贡者，上俾之教习，无不曲尽其妙。因命衣以文绣，络以金银，饰其鬃鬣，间杂珠玉。其曲谓之《倾杯乐》者数十回，奋首鼓尾，纵横应节。又施三层板床，乘马而上，旋转如飞。或命壮士举一榻，马舞于榻上。乐工数人立左右前后，皆衣淡黄衫文玉带，必求少年而姿貌美秀者。每千秋节，命舞于勤政殿下。

且有以宫中女伎骑而戏之的，如李濯有《内人马伎赋》，敬括《季秋朝宴观内人马伎赋》，皆写那种马伎情形的。至于宋，马戏且有种种名目，如宋孟元老《东京梦华录》云：

祗候子弟所呈马骑，先一人空手出马，谓之『引马』。次一人磨旗出马，谓之『开道旗』。次有马上抱红绣之球，系以红绵索，掷下于地上，数骑追逐射之，左曰仰手射，右曰合手射，谓之『拖绣球』。又以柳枝插于地，数骑以划子箭或弓或弩射之，谓之『措柳枝』。又有以十余小旗遍装轮上而背之出马，谓之『旋风旗』。又有执旗挺立鞍上，谓之『立马』。或以身下马，以手攀鞍而复上，谓之『騗马』。或用手握定镫袴，以身从后鞦来往，谓之『跳马』。忽以身离鞍，屈右脚挂马鬃，左脚在镫，右手把鬃，谓之『献鞍』，又曰『弃鬃背坐』。或以两手握镫裤，以肩着鞍，跷双脚直上，谓之『倒立』。忽掷脚着地，倒拖顺马而走，复跳上马，谓之『拖马』。或留左脚着镫，右脚出镫，离鞍横身，在鞍一边，左手捉鞍，右手把鬃，存身直一脚，顺马而走，谓之『飞仙膊马』。又存身拳曲，在鞍一边，谓之『镫里藏身』。或右臂挟鞍，足着地，顺马而走，谓之『赶马』。或出一镫，坠身着鞦，以手向下绰地，谓之『绰尘』。或放令马先走，以身追及，握马尾而上，谓之『豹子马』。或横身鞍上，或轮弄利刃，或重物大刀双刀百端讫。

此种盖以人戏马，而非马之自戏，但亦可为马戏之一。今西人所演马戏，类多如此。清末王韬《瀛壖杂志》中曾载桐华馆主《观西国马戏记》，可以见古今中外相同的地方：

日落气清，傍黄浦江行，明星万点，与波上下，舆轿车辇，络绎如织。渡浮桥而南，西国戏圃在焉。支大幕为幄，高十丈许，广蔽数亩。中为马埒，其形正圆，植柱其中，是为支幕之极柱。悬煤气灯数十，光明如昼。环埒设座以待客。客入之道在东。埒缺其南为驰道以通马。马之房则在幄外。驰道左庋台奏西国乐。乐再作而马至，男女四人锦衣绣服，各策马骤入，环埒交驰，以乐为节。乐少止，八马对立如雁翅。后有一人炫服骤马入，立其中，左之则驰而左，右之则驰而右，衔尾焉，比翼焉，周规折矩，参伍错综。方目眩神骇，几不及数马之多寡，台上乐戛然一鸣，马皆立如植，男行女行犁然者。既罢，则间以杂戏。少顷，一人扬鞭导一白驹入，无衔辔，及埒，则环走如飞。既数周，呵之，立止，人以鞭击，辄作胡旋舞，再击则再旋。卓鞭示之，辄人立，以后足行。既又疾驰，使人张布当其道，马辄跃过。初为参角而三张之，既复聚而张之，如画乾卦，马皆一一跃过，无留碍。又横当以木栏，马复连跃如前。忽有一人花面锦衣，状如中国戏剧之丑者，手指口语，解者谓呰其马，马驰至栏所，果局促若不能过。其人怒，挥鞭连击，马辄啼踢，竟不复跃，合座鼓掌。既复以一驹驾四轮车入埒，绕驰中道，忽不行，力肆腾蹴，当轼故为漆板，蹴之有声，与台上乐节相应。车尾首若髦𣰆者，驹忽以前足立其上，首与御者并，意若佐之，推车环埒，再周而下。继导一马入，锦鞍无镫，一女窄衣短裙，赤露臂足，跃登其上，马疾驰如矢激。女在马上，蹴踏跳踯，有时翘一足为商羊舞，或侧身倒挂作欲倾跌状。复使人张布当马首，马从布下驰过，女跃越之，仍立马背，三跃三过，不爽分寸，观者色夺，女自若也。又络双马并行，抱置一十岁许小儿其上。既上则两足分踏两马，纵辔疾驰，马蹄风入，小儿故作欲堕势，又若怖极欲啼者。一人以鞭击地，催马益驶，台上乐益繁急，少焉马止，小儿翩然下矣。又有一人锦衣驰马，其矫捷作势，与前女子略同，使人手执巨圈当之，马自下驰，人辄贯圈跃登，自贯一圈至六圈。又有黑女子盖阿非利加洲（非洲全称——编者注）人，立无鞍马背而驰。后有一儿视前儿尤小，莹白如玉，绣衣锦裤，人为抱置马项。女挈之起，儿即立马背，扬手驱马。女复当其腰横擎之，儿伸足张手，嬉笑作态。旋四掌相抵，儿倒植女项如蜻蜓，马行如电不少驻。既息，女抱儿下，人既奇女，弥复怜儿。又有两马不施衔勒，入埒交驰，忽两首相抵，一马前进，一马倒行，既周，则进退互易如前状。有一人扬鞭叱之，则帖耳摇尾，踏踏然归矣。此马殆不仅知人意，且能通人语也。

此则除马自戏以外，又有人戏马，可谓二难具了。所谓马戏大抵如此，其次所谓猴戏，这在晋时也已有了的，如晋傅玄《猿猴赋》云：

余酒酣耳热，欢颜未伸，遂戏猴而纵猿，何瓌瑰之惊人！戴以赤帻，袜以朱巾，先装其面，又丹其唇，扬眉蹙额，若愁若瞋。或长眠而抱勒，或嚄咋而龃龂，或颙卬而踟蹰，或悲啸而吟呻。既似老公，又类胡女，或低眩而择虱，或抵掌而胡舞。

此或为傅氏偶一为之，但"戴以赤帻，袜以朱巾"，到现在猴戏中的猴还多如此装束，而自长眠以下至胡舞，正是猴戏的情形。其后梁有猕猴幢伎，唐有猕猴缘竿（见《隋书》及《旧唐书·音乐志》），则猴戏已列为百戏之一。而五代蜀中有杨于度者，即以善弄猴戏闻名。据《野人闲话》(《太平广记》引)云：

猴戏 “戴以赤帻，袜以朱巾”，到现在猴戏中的猴还多如此装束……猴戏已列为百戏之一。五代蜀中有杨于度者，即以善弄猴戏闻名。

蜀中有杨于度者，善弄胡狲，于阛阓中丐乞于人。常饲养胡狲大小十余头，会人语。或令骑犬，作参军行李，则呵殿前后，其执鞭驱策，戴帽穿靴，亦可取笑一时。如弄醉人，则必倒之卧于地上，扶之久而不起。于度唱曰：『街使来！』辄不起；『御史中丞来！』亦不起；或微言：『侯侍中来！』胡狲即便起走，眼目张惶，佯作惧怕，人皆笑之。（侯侍中弘寔，巡检内外主严重，人皆惧之，故弄此戏）一日，内厩胡狲维绝，走上殿阁，蜀主令人射之，以其矫捷，皆不之中，竟不能捉获者三日。内竖奏杨于度善弄胡狲，试令捉之，遂以十余头入，望殿上拜，拱手作一行立。内厩胡狲亦在舍上窥觑，于度高声唱言：『奉敕捉舍上胡狲来！』手下胡狲一时上舍，齐手把捉内厩胡狲立在殿上。蜀主大悦，因赐杨于度绯衫钱帛，收系教坊。

此种猴戏，至今犹然，其甚者，则如《清稗类钞》所云：

凤阳韩七能弄猴。凡弄猴者仅畜一二，七所畜多至十余，凡猨狙玃父之属，大小毕具，且不施羁勒。每演剧，生旦净丑，鸣钲者，击鼓者，奔走往来者，皆猴也，无一不备，而无一逃者，他弄猴者多异之。

这真是所谓猴戏了，竟与人演者全同，无怪“他弄猴者多异之”了。

与猴戏相似的则有犬戏。按：古有“走狗”之戏，如《战国策》云：“临菑甚富而实，其民无不吹竽鼓瑟，弹琴击筑，斗鸡走狗，六博蹋鞠者。”此走狗恐是狗的竞走，如《汉书·东方朔传》所谓：“董氏常从游戏北宫，驰逐平乐，观鸡鞠之会，角狗马之足。”角足当是竞走，犹今的跑狗，而非狗的演戏。狗能演戏，其最早见于载籍的，或为《通典》所云：

唐武德中，高昌王文泰献狗雌雄各一，高六寸，长尺余，性甚慧，能曳马衔烛，云本出拂菻国。中国有拂菻狗，自此始也。

然只云曳马衔烛，或未必是戏，因为我国古代，犬之能衔取什么的甚多，如《述征记》有犬衔卵，《后周书》有犬衔兔，《三国典略》有犬取箭，不过权作人事，未必为戏，则《通典》所述，或者并非可认为真正的犬戏。其真正有犬戏记载的，则明谢肇淛《五杂组》曾云"长安丐者有犬戏猴戏"，惟未述其戏法究属如何。至清则《清稗类钞》曾录有一则云：

光绪时，台州人某蓄一犬能读书。初教以人语，渐能了解，乃授以书。始亦甚艰苦，阅十余年，诲之匆倦，自琅琅上口矣，于是携之四方，令献技为活。犬居于笼，至演技时则出，犬乃拜手者再，如拱鼠然。已而启箧，取《礼记》一册，读《檀弓》篇，能不爽一字。既又取《周易》出，读《系辞传》亦甚熟。读毕仍入笼，某乃饲以面包，食已即睡。有人尝亲见之，谓此犬为黑色，为状殊不异常犬，其读书声极嘹亮，惟发音时稍强硬，不能如人语之便捷；然《檀弓》与《系辞传》皆聱牙佶屈，不易上口，而此犬竟能成诵也！

按：此虽非作戏，但以犬能读书，亦另戏无异。不过此中亦大有弊端，如袁枚《续子不语》所载，实极不人道之至。据云：

长沙市中，有二人牵一犬，较常犬稍大，前两足趾较犬趾爪长，后足如熊，有尾而小，耳鼻皆如人，绝不类犬，而遍体则犬毛也，能作人言，唱各种小曲，无不按节。观者如堵，争施钱以求一曲，喧闻四野。县令荆公途遇之，命役引归，托以太夫人欲观，将厚赠之。至则先令犬入内衙讯之，顾犬曰：『汝人乎犬乎？』对曰：『我亦不自知为人也犬也。』曰：『若何与偕？』对曰：『我亦不自知也。』因诘以二人平素所习业，曰：『我日则牵出就市，晚归即纳于桶，莫审其所为。一日，因雨未出，彼饲我于船上，得出桶，见二人启箱，箱中有木人数十，眼目手足悉能自动。其船板下卧一老人于内，生死与否，我亦不知。』荆公拘二人鞫之，初不承认，旋命烧铁针刺鬼哭穴，极刑讯之，始言：『此犬乃用三岁孩子做成，先用药烂其身上皮，使尽脱；次用狗毛烧灰，和药敷之，内服以药，使疮平复，则体生犬毛而尾出，俨然犬也。此法十不得一活，若成一犬，便可获利终身。不知杀小儿无限，乃成此犬。』问：『木人何用？』曰：『拐得儿。』令自择木人得跛者瞎者断肢者，悉如状以为之，令作丐求钱，以肥其橐。即率役籍其船，于船下得老人皮，自背裂开，中实以草，问：

『何用？』曰：『此九十以外老人皮也，最不易得。若得而干之，为屑和药弹人身，其人魂即来供役。觅数十年，近甫得之。又以皮湿未能作屑，乃即败露，此天也命也，只求速死。』荆公乃曳于市，暴其罪而榜死之。犬亦饿毙。

是以孩儿改作兽类，可谓惨酷之至。今日各地多有人面兽身的奇怪动物作戏的，其中恐难免有如袁氏所记，则此种兽戏，殆非厉禁不可了。袁氏又记一则为狗熊，能作字吟诗，居然亦为小孩所做成，地点在苏州的虎丘。可知此种情形，极为普遍。此外宋周密《武林旧事》载诸色伎艺人有李三教熊，是宋时有熊为戏的。明沈德符《万历野获编》亦云："宋时熊翻筋斗。"惟其他载籍甚少记述，不能详引。又有鼠戏，明谢肇淛《五杂组》云："长安丐者有犬戏猴戏，近有鼠戏。鼠至顽，非可教者，不知何以习之至是！"其下并未述及其戏究属如何。至清蒲松龄《聊斋志异》始记录一则云：

马戏

今西人马戏班中，时有狮虎象犀之戏，能使凶兽役作儿戏，实较上述猴犬之类为不易。

王子巽言，一人在长安市上卖鼠戏，背负一囊，中蓄小鼠十余头，每于稠人中出小木架置肩上，俨如戏楼状。乃拍鼓板，唱古杂剧。歌声甫动，则有鼠自囊中出，蒙假面，被小装服，自背登楼，人立而舞，男女悲欢，悉合剧中关目。

此与上引猴戏正同，以鼠而演杂剧，诚如谢氏所谓："不知何以习之至是！"又有虎戏，古时似未所闻，仅见于清黄景仁的《圈虎行》一诗。诗云：

都门岁首陈百技，鱼龙怪兽罕不备。何物市上游手儿，役使山君作儿戏。初舁虎圈来广场，倾城观者如堵墙。四周立栅牵虎出，毛拳耳戢气不扬。先撩虎须虎犹帖，以梧卓地虎人立。人呼虎吼声如雷，牙爪丛中奋身入。虎口呀开大如牛，人转从容探以手。更脱头颅抵虎口，以头饲虎虎不受，虎舌舐人如舐彀。忽按虎脊叱使行，虎便逡巡绕阑走。翻身踞地蹴冻尘，浑身抖开花锦茵。盘回舞势学胡旋，似张虎威实媚人。少焉仰卧若佯死，投之以肉霍然起。观者一笑争醵钱，人既得钱虎摇尾。仍驱入圈负以趋，此间乐亦忘山居。

按：今西人马戏班中，时有狮虎象犀之戏，能使凶兽役作儿戏，实较上述猴犬之类为不易。兽类之戏大率如此。唐时有“三刺猬对打，既合节奏，又中章程”（见唐李绰《尚书故实》），后世似无所闻。大抵此种戏法，全在玩者驯服所致，推陈出新，固不限于上述诸兽而已。

八 禽戏

Poultry Performance

禽戏就是指禽鸟鱼虫之戏，上古未见，至唐宋时渐多。宋时有专教飞禽虫蚁的伎艺人赵十一郎、赵十七郎、猢狲王三人，可知宋时已有禽戏的。明时如《万历野获编》所载，有鸟衔字雀衔钱之类。又如谢肇淛《五杂组》云：

余庚戌在京师，见戏者笼一小雀，中置小骨牌仅寸许，击小锣一声，雀以口啄其机，门便自开。令取天牌，则含六六出；令取地牌，则含么么出：其应如响。观毕，复击锣一声，雀入而门自闭。

是为雀含骨牌，亦与衔字衔钱者同。又清陈其元《庸闲斋笔记》云：

道光壬辰，余应京兆试后，至元氏县省外舅，县城外民家畜一鸡，云能识字。余往观之，见以千字文散置于地，呼令取某字来，则应声衔至。余戏令取『鸡田赤城』四字，而匿其城字，则衔鸡田赤三字列于前，而侧首以觅城字不得，若有躁急状，同人均大惊笑。

这也与上述可为一类。而事有更奇特者，则如《清稗类钞》所云：

嘉庆己卯秋，江宁市上有豢蜡嘴鸟以鬻技者。鸟有六，其四自能开箱，衔面具，登小台演剧；其一能识字，取载明《百家姓》之小纸牌各书一字，散布席上，任意呼取某字，自能觅之，百不失一；其一能斗天九牌，可与三人会局作胜负。

其一识字固与上述同，而四能演剧，一能斗牌，则可谓异想天开了。同书又云：

开封有玩鸟者，能驯燕雀打弹衔旗。打弹以左手拿鸟，右手拿弹，弹向空中一掷，鸟即追踪飞去，衔弹飞回。衔旗以旗插于任何处，鸟虽离旗丈余外，见旗即腾然飞去，将旗夺回。

此亦衔之一类，惟技巧略有不同而已。至于鱼虫之戏，名目更多。唐时有蝇虎列阵，如唐段成式《酉阳杂俎》云：

于頔在襄州，尝有山人王固谒见于。于性快，见其拜伏迟缓，不甚知书，别日游宴，不复得进。王殊怏怏，因至使院造判官曾叔政，颇礼接之。王谓曾曰：『予以相公好奇，故不远而来，今实乖望矣。予有一艺，自古无者，今将归，且荷公见待之厚，今为一设。』遂诣曾所居，怀中出竹一节，及小鼓规才运寸。良久，去竹之塞，折枝连击鼓子，筒中有蝇虎子数十，分行而出，为二队如对阵势。每击鼓或三或五，随鼓声变阵，天衡地轴，鱼丽鹤列，无不备也。进退离附，人所不及。凡变阵数十，乃行入筒中。曾观之大骇，方言于于公，王已潜去。于悔恨，令物色求之不获。

此云"自古无者"，确为前所未闻的。至宋则有龟鳖鳅鱼之戏，如宋周密《癸辛杂识》云：

余垂齠时，随先君子故都，尝见戏事数端，有可喜者，自后则不复有之，姑书于此以资谈柄云。呈水嬉者以髹漆大斛满贮水，以小铜锣为节。凡龟鳖鳅鱼皆以名呼之，即浮水面，戴戏具而舞，舞罢即沉。别复呼其他，次第呈伎焉。

至元则有乌龟叠塔与蛤蟆说法诸戏，如元陶宗仪《南村辍耕录》云：

余在杭州日，尝见一弄百禽者，蓄龟七枚，大小凡七等。置龟几上，击鼓以使之，则第一等大者先至几心伏定，第二等者从而登其背，直至第七等小者登第六等之背，乃竖身直伸，其尾向上，宛如小塔状，谓之『乌龟叠塔』。又见蓄蛤蟆九枚，先置一小墩于席中，其最大者乃踞坐之，余八小者左右对列。大者作一声，众亦作一声，大者作数声，众亦作数声。既而小者一一至大者前，点首作声，如作礼状而退，谓之『蛤蟆说法』。此因教习之功，但其质性蠢蠢，非他禽鸟可比，诚难矣哉！

禽戏 《南村辍耕录》云："又见蓄蛤蟆九枚，先置一小墩于席中，其最大者乃踞坐之，余八小者左右对列。大者作一声，众亦作一声，大者作数声，众亦作数声。"

但此二戏，后颇时见。如明沈德符《万历野获编》云：

古来惟弄猢狲为最巧，犹以与人类近也。至鸟衔字，雀衔钱，犬踏橇，羊鸣鼓，龟造塔，已为可怪。若宋时熊翻筋斗，驴舞柘枝而极矣。今又有畜蛤蟆念佛者，立一巨者于前，人念佛一声，则亦阁阁一声，如击木鱼，以次传下殆遍。人起佛号如前，蛤蟆又应声凡数十度。临起，又令叩头而散。此亦人所时见者。又闻大父云，有鬻技者藏二色蚁于竹筒者，倾出鸣鼓，则趋出各成行列。再鼓之，则群斗交战。良久，鸣金一声，各退归本阵，鱼贯收之。此更古来所未有矣。

《万历野获编》云：“今又有畜蛤蟆念佛者，立一巨者于前，人念佛一声，则亦阁阁一声，如击木鱼，以次传下殆遍。人起佛号如前，蛤蟆又应声凡数十度。临起，又令叩头而散。”

按："古来所未有"，是沈氏特未见《酉阳杂俎》耳，其实唐时已有之。至清时仍有此戏，如清袁枚《子不语》云：

余幼住葵巷，见乞儿索钱者，身佩一布袋两竹筒，袋贮蛤蟆九个，筒贮红白两种蚁约千许。到店市柜上，演其法毕，索钱三文即去。一名『蛤蟆教书』，其法设一小木椅，大者自袋跃出坐其上，八小者亦跃出环伺之，寂然无声。乞人喝曰教书，大者应声曰阁阁，举皆应曰阁阁，自此连曰阁阁，几聒人耳。乞人曰止，当即绝声。一名『蚂蚁摆阵』，其法张红白二旗，各长尺许，乞人倾其筒，红白蚁乱走柜上。乞人扇以红旗曰归队，红蚁排作一行。乞人扇以白旗曰归队，白蚁排作一行。乞人又以两旗互扇喝曰穿阵走，红白蚁遂穿杂而行，左旋右转，行不乱步。行数匝，以筒接之，仍嚅嚅然各入筒矣。蛤蟆蝼蚁至微至蠢之虫，不知作何教法！

游戏娱乐

据此所述，可知排阵说法之戏，自唐宋直至明清，无代不有。而近年又有蚤戏，亦如蚂蚁作摆阵之戏，更可谓想入非非者了。又《清稗类钞》尚有金鱼排队，亦与蝇虎蚂蚁等同，兹并附述于此：

有畜金鱼者，分红白二种，贮于一缸以红白二旗引之。先摇红旗，则红者随旗往来游溯，疾转疾随，缓转缓随，旗收则鱼皆潜伏。白亦如之。再以二旗并竖，则红白错综旋转，前后间杂，有如走阵者然。久之，以二旗分为二处，则红者随红旗而仍为红队，白者随白旗而仍归白队，是曰金鱼排队。

九 斗戏

Animal Fighting Games

所谓斗戏，即禽兽虫豸互相争斗之戏，其初本亦为一种嬉戏，后则有似赌博，而与博戏相近了。

斗戏最早为斗鸡，周时已有之，如《左传》云：“季郈之鸡斗，季氏芥其鸡，郈氏为之金距。”将斗鸡加以武装，用芥加金，可谓重视之至。又如《列子·黄帝篇》云：

纪渻子为周宣王养斗鸡，十日而问：『鸡可斗已乎？』曰：『未也，方虚骄而恃气。』十日又问，曰：『未也，犹应影响。』十日又问，曰：『未也，犹疾视而盛气。』十日又问，曰：『几矣，虽有鸣者，已无变矣。』望之似木鸡矣，其德全矣，异鸡无敢应者，反走耳。

是养斗鸡竟须四十日之久，亦足见当时对斗鸡畜养的郑重了。此戏历代流传，至今不衰。各地尽多斗以相博的。

其次为斗蟋蟀，此戏实始于唐，至后愈传愈盛，近亦变为博戏之流。据《负暄杂录》云：

斗蛩之戏，始于天宝间，长安富人镂象牙为笼而蓄之，以万金之资，付之一啄。

按：蛩即蟋蟀。五代王仁裕《开元天宝遗事》云："每至秋时，宫中妃嫔辈皆以小金笼捉蟋蟀闭于笼中，置之枕函畔，夜听其声。庶民之家皆效之。"此虽犹未言斗，要其事近之，或即始于宫中。至宋则贾似道以相国之尊，恒以此为戏，他且撰有《促织经》一书。明时宣宗特为嗜好，而庶人且有因此破家者，如沈德符《万历野获编》所载：

闻牛斗最为奇观，然未之见。最微为蟋蟀，然贾秋壑所著经最为纤细详核，其嗜欲情态，与人无异。我朝宣宗最娴此戏，曾密诏苏州知府况钟进千个，一时语云：『促织瞿瞿叫，宣德皇帝要。』此语至今犹传。苏州卫中武弁，闻尚有以捕蟋蟀比首虏功得世职者。今宣窑蟋蟀盆甚珍重，其价不减宣和盆也。近日吴越浪子有酷好此戏，每赌胜负，辄数百金，至有破家者，亦贾之流毒也。

言"贾之流毒"，则以斗戏流为博戏，或者始于贾似道的。又如明陆粲《庚巳编》云：

吴俗喜斗蟋蟀，多以决赌财物。予里人张廷芳者好此戏，为之辄败，至鬻家具以偿焉。岁岁复然，遂荡其产。素敬事玄坛神，乃以诚祷诉其困苦。夜梦神曰：『尔勿忧，吾遣黑虎助尔，今化身在天妃宫东南角树下，汝往取之。』张往掘土，得一蟋蟀，深黑色而甚大，用以斗，无弗胜者，旬日间获利如所丧者加倍。至冬，促织死，张恸哭以银作棺葬之。

这真可谓“斗蟋蟀迷”了。此种至清至今亦然。《聊斋志异》中有《促织》一篇，写张诚的捉蟋蟀，形容尽致，较陆文尤为可观的，兹以文长不录。

与斗蟋蟀相似则为斗鹌鹑，至今亦属于博戏一类了。据徐珂《清稗类钞》云，此戏亦“始于唐。西凉厩者进鹑于玄宗，能随金鼓节奏争斗，宫人咸养之”。是其初不过养以为戏，后则如明谢肇淛《五杂组》云：“江北有斗鹌鹑，其鸟小而驯，出入怀袖，视斗鸡又似近雅。”但至清时如顾禄《清嘉录》云：

霜降后，斗鹌鹑角胜，标头一如斗蟋蟀之制，以十枝花为一盆，负则纳钱一贯二百，若胜则主家什二而取。每斗一次，谓之一圈。斗必昏夜。至于畜养之徒，彩缯作袋，严寒则或用皮套，把于袖中，以为消遣。

则直类博戏了。又如清黄氏《蝶阶外史》所云：

鸿僧住持蔡村之兴善寺，村隶武清，距京师百余里。僧好蓄鹑，蓄鹑以万计，最后得玉鹑，纯洁如雪，长颈短尾，俨然一小鹤也。玉鹑好搏击，每翔起，高三四尺，如俊鹘落，一击辄中，阅千百鹑无与敌者。西贾某畜一黑鹑，色纯墨，短小精悍，每与鹑遇，张两翼伏地，如燕掠水，啄利如锥，当者辟易。人谓玉鹑为天龙，黑鹑为地虎云。两人以鹑故，雅相爱好，惟相戒两鹑勿斗，各恐伤其尤物也。久之，他蓄鹑者皆不敢与两鹑斗，两人不得已，请他人持鹑下，围而潜伺焉，所请人固不知也。既合，两人各变色。既已无可奈何，见玉鹑怒伏以待，黑鹑张两翼伏地，以啄啄玉鹑膺。玉鹑已受数十创，血殷羽毛，突亦张两翼效黑鹑状，往来驰骤，无虑四五百度。最后人不见鹑，第见黑白影驰逐如梭。观者千人，皆屏息啧啧叹赏，以为得未曾有也。玉鹑忽跃起高五尺，突下一击，黑鹑月精已为抉去，垂翅逃去。西贾怒，出白刃相雠，僧谢曰：『我固不知也。黑鹑败诚可惜，请以玉鹑偿子何如？』西贾惭而罢。僧从此不令玉鹑斗，闭以雕笼，笼畔系猰狗，有人近笼，辄狂噬。他人饲玉鹑，玉鹑不食，僧自饲乃食。时鹑为僧所胜金，已买田百顷矣。任城某公子以好鹑负千金，卑礼厚币，假玉鹑去，尽返所负金。僧寿七十余，与鹑相依为命。一日，僧方握鹑，忽示寂，鹑亦在僧手中死。

那真可与上述蟋蟀黑虎相媲美了，天下真有博斗若此的，也是斗戏中的佳话，故不厌琐细，并录于上。

其次又有斗牛，据宋高承《事物纪原》引《风俗通》云："秦昭王时，李冰为蜀守，因怒责江神，后冰与神俱化为牛，斗于江岸。"高氏以为此即斗牛之始，是未必可信。但由此可知宋时已有之，故高氏特加载及。至今则各地斗牛之风仍多，尤以浙江金华一带为盛。清陈其元《庸闲斋笔记》云：

燕齐之俗斗鸡，吴越之俗斗蟋蟀，古也有然。金华人独喜斗牛，则不知始于何时。余在婺州十有六年，每逢春秋佳日，乡氓祈报祭赛之时，辄有斗牛之会。先期治觞延客，竭诚敬。比日至之时，国中千万人往矣。斗场辟水田四五亩，沿田塍皆搭台或置桌凳，以待客及本村老幼妇女。卖饼饵者，卖瓜果者，装水烟者，薨薨缉缉然，猱杂于前后左右。[illegible]牛来也，鸣钲前导，头簪金花，身披[illegible]簇拥护之者数十人。既至田中，两家各令健者四人翼其牛。二牛并峙，互相注视，良久乃前斗。斗以角，乘间抵隙，各施其巧。三五合后，两家之人即各将其牛拆开，复簇拥去。观者不知其孰胜负，而主之者已默窥其胜负矣。胜者亲友欢呼从之，若奏凯状。牛亦轩然自得，徐徐步归。负者意兴索然，即左右者俱垂头丧气焉。小负之牛尚可养成气力，更决雌雄；大负则杀而烹之，盖锐气已挫，不能再接再厉矣。斗之日，聚集群牛不下三五十头，其登场相角者亦不过十数头，余皆自崖而返耳。牛之佳者，不大胜亦不大败；次者虽败犹能好整以暇，无辙乱旗靡态；下者则苍黄抵触，血肉淋漓，奔逃横逸，溅泥满身，冲出堤塍，掀翻台凳，不可牵挽。于是老妇孺子暨粉白黛绿者，哗然争避，或失足田中，或倒身岸下，遗簪坠珥，衣服沾濡，头面污损，相将相扶而去，真可谓见豕负涂，载鬼一车矣。斗胜之家，张筵款客，高朋满座。主人轩眉攘臂，矜其牛之能曰：『彼之角如何来，我之角如何往；彼如何攻坚，我如何蹈瑕；我意彼必从是出，而彼竟不料我从此出也。』言之津津，几忘乎我之为牛，牛之为我焉。其畜牛也，卧以青丝帐，食以白米饭，酿最好之酒以饮之。亲朋相访，主人款之，呼酒必嘱曰：『慎毋以饮牛之酒来！』乍闻者以为敬客之意，殊不知饮牛之酒乃是上品，客不得而饮之也。牛所买来之家，呼之曰牛亲家。豢牛之牧童，名之曰牛大舅。其真正儿女亲家，亲之，不若与牛亲家亲也。

此视牛尤视人为重，则亦因其能得胜故耳，博者的心理大率如此，正与上之蟋蟀鹌鹑同。此外明时尚有斗鱼，如《五杂组》所谓"吾闽蒲中喜斗鱼，其色斓斒喜斗，缠绕终日，尾尽啮断不解"是也。又有斗树，如清焦循《易馀籥录》云"乾隆间郑人有斗树之会，以枫榆松柏之类长仅三四寸，瓦斗如拳，可笼袖中，以较优劣"是也。然此种斗戏似不普遍，仅限于一时一地而已，兹不详述。

一〇 博戏

Gambling Games

今所称各种博戏的博，实为最早的一种博戏名称，久已失传，其字博，古作簙。《说文》："簙，局戏也，六箸十二棋也。古者乌曹作簙。"乌曹据《世本》为夏桀之臣，不知确否？又宋何法盛《晋中兴书》云：

陶侃在荆州，见佐吏博弈戏具，投之于江曰：『围棋者，尧舜以教愚子；博者，殷纣所造。诸君并怀国器，何以为此？』

是以博为殷纣所造，与《说文》所云不同。然据《史记·殷本纪》云："帝武乙无道，为偶人谓之天神，与之博，令人为行，天神不胜，乃僇辱之。"武乙为纣的曾祖，其时已有博了，则博的创始，确不在纣时的。陶侃所说，恐误夏桀为殷纣耳。

今日诸种博戏之中，要以骰子发明为最早，其制始于唐时，乃由五木转变而来。本作投子，后以骨制，乃作骰子，实则骰乃股字，如唐李匡乂《资暇集》云：

博戏 今日诸种博戏之中，要以骰子发明为最早，其制始于唐时，乃由五木转变而来。本作投子，后以骨制，乃作骰子。

投子者，投掷于盘筵之义。今或作『头』字，言其骨头所成，非也；因此兼有作『骰』字者。案：诸家之书，骰即股字尔，不音投。《史记》蔡泽说范睢曰：『博者或欲大投。』裴注云：『投，琼也。』则知以玉石为投掷之义，安有头骰之理哉？

此种借用，可知唐时已属如此。即其性质头与古时博戏的琼相同。由琼一变而为五木，再变而为骰子。宋程大昌《演繁露》云：

骰子之制，固知祖袭五木，然而详略大率不同也。五木止有两面，骰子则有六面，故骰子著齿，自一至六，为采亦益多。率其大而言之，则是裁去五木两头尖锐，而璷长为方。既有六面，又著六数，不比五木但有白黑两面矣。

此与五木作一比较，极为明晰。程氏又云：

唐世则镂骨为窍，朱墨杂涂，数以为采。亦有出意为巧者，取相思红子纳置窍中，使其色明现而易见，故温飞卿艳词曰：『玲珑骰子安红豆，入骨相思知也无？』凡此二者，即今世通名骰子也。

此以镂骨为骰，始于唐时，盖唐以前惟用五木。至“朱墨杂涂，数以为采”，即骰子中以点数为采名，又杂涂以朱墨之色。今一点四点皆涂朱色，而四点之涂朱色，实为玄宗所特赐，如唐潘远《西墅记谈》云：

骰子饰四以朱者，玄宗与贵妃采战，将北，唯重四可转败为胜。上掷而连呼叱之，骰子宛转良久，而成重四。上大悦，命将军高力士赐四绯。

此重四后亦称为“堂印”，如《刘宾客嘉话录》云：“饮酒家谓重四为堂印。”大约就因玄宗所赐的缘故罢！自有骰子，乃有骰子诸戏，初为“彩选”，即后世“升官图”的嚆矢。宋时也有不用选图，而只掷点以定赏罚，如朱河的“除红”。降而至元有张光的“醉绿”。明时名目更多，由一枚以至六枚皆有戏法，如潘之恒《六博谱》所载。清则有“掷状元”“掷老羊”“掷挖窖”等。据明谢肇淛《五杂组》云：“唐李郃有《骰子选格》，宋刘蒙叟杨亿等有彩选格，即今升官图也。又有选仙图选佛图，不足观矣。”其中惟升官图至今犹复流传，相传为明末倪元璐所制，原名《彩选百官铎》。但谢氏辈行较倪氏为早（谢为万历二十年进士，倪十二十一年始生），则倪制或略变前人所制而成，并非出自创造的。

因骰子戏的盛行，宋徽宗时就有人将骰子改制为牙牌，以二色成一牌，三牌为一副，刚合骰子的六面。牌各有名，如天地人和，皆有用意。以创于宣和，通称“宣和牌”；又以牙制，称“牙牌”。至明用骨制，则称

博戏

因骰子戏的盛行，宋徽宗时就有人将骰子改制为牙牌……至明用骨制，则称“骨牌”……清时则别有“牌九”之戏，至今最为盛行。

"骨牌"。初以三牌成副为戏，三牌变化甚多，故有《宣和谱》一类牌谱以便对照。至明则化繁就简，为"斗天九"之戏。分天地人和等牌为华队，九八七五等牌为夷队。清时则华夷改为文武，另以么二二四为至尊，又三十二张增为一百〇五张，是为"碰和"，后又变为"同棋"，再增为一百二十六张，是为"花牌"。至原有的三十二张，则别有"牌九"之戏，至今最为盛行。

明时尚有一种纸牌戏，或称叶子戏，其中最盛行者为"马吊"，共四十张，分十万索钱四门。至清初渐加禁绝，乃变而为"默和"，凡六十张，分万索钱三门，而较马吊少一十字门。再变而为"碰和"，凡一百二十张，门数仍与默和同。三变而为"马将"，凡一百二十六张，外加花牌四张或八张，则为一百四十张或一百四十四张，门数亦仍为三门，而改称钱为筒，且由纸制改为骨制。按：马将牌今亦称麻雀牌，简称雀牌。其称为马将，盖由马吊牌转变而来，又加将牌，故名。杜亚泉《博史》云：

天启马吊牌虽在清乾隆时尚行，但在明末时已受宣和牌及碰和牌之影响，变为默和牌。默和牌又受花将之影响，加东西南北四将，即成为马将牌。

又徐珂《清稗类钞》云：

麻雀，马吊之音之转也。吴人呼禽类如刁，去声读，不知何义？则麻雀之为马吊，已确而有征矣。

可知麻雀实为马吊之转音。麻雀两字根本无意义可言。近人法天《麻将学大纲》，以为牌中有“一索”，刻作麻雀形，故名，实出于臆说，不足为据。至马将牌创始于何时，据《博史》云：

> 马将牌创于何时，不能确定，但当较默和牌略后。默和牌始于明之末造，则马将牌之改作当在明亡以后矣。相传谓马将牌先流行于闽粤濒海各地及海舶间。清光绪初年，由宁波江厦延及津沪商埠。大约明亡以后，达官贵胄及其宗亲子弟，多奔走于浙闽两粤之海上，故流传此牌。清乾隆年间尚流行默和牌，未加将牌。乾隆以后，花和牌盛行，亦无人顾问。五口通商以后，海舶多聚于宁波江厦，各省贾客流寓江厦，繁盛过于上海，演习马将者遂日众。此时已改制骨牌，且加梅兰竹菊琴棋书画等花样，称为花马将，逐渐流行，由津沪波及全国，盖已五十余年于兹矣。

是杜氏以马将牌始于明亡之后，至花马将为近五十余年的事。（按：杜氏此书作于1931年，是花马将始于清之光绪初年。）明亡以后，此说甚为含混。若说清初已流行了，则乾隆时金学诗著《牧猪闲话》，叙述当时各种博戏甚详，独无此牌，似不足信。又据《清稗类钞·叉麻雀》云：

> 粤军起事，军中用以赌酒，增入筒化、索化、万化、天化、王化、东南西北化，盖本伪封号也。行之未几，流入宁波，不久而遂普及矣。

此中所谓“用以赌酒”，即指明时的马吊牌，又增入筒索之类，遂成马将牌。是马将牌实始于太平军中，后乃流入于宁波，与杜说“先流行于闽粤濒海各地”后“由宁波延及津沪”不谋而合。而时间则在道咸之际，也较杜说“大约明亡以后”为可确信。盖此牌实远绍马吊牌，近由碰和牌转变而来，不过前者仍用纸制，后者改为骨制，而万索筒三门，万即万贯，索即索子，筒即文钱。（筒或应作铜，为铜钱之省文，惟现今多写作筒字。）自一至九，每种四张，也正与碰和牌同。惟另加中发白各四张，或谓即由通行纸牌中的千万枝花全无三者转变而来，以千万为中，枝花为发，全无为白。至东南西北四将，或诚如《清稗类钞》所云，为粤军所加。至今又有春夏秋冬，梅兰竹菊等等，则更为近年所增入了。

二 歌谣

Ballads

歌谣是指一般所唱的徒歌，它不是带乐曲的，与俗曲不同。但歌与谣严格说起来也有分别，因为谣多即兴而造，所咏的多关时事；歌则范围较广，不限定是时事。谣因为是时事居多，所以带着浓厚的时间性，一过那一时间，便会失却时效，没有人再唱的了。如："千里草，何青青！十日卜，不得生。"这是后汉时京师的民谣，指董卓而造的，到了董卓死了，也就没有人会唱了。歌却并不如此，它可以永远流传，譬如宋时有一首民歌："月子弯弯照九州，几家欢乐几家愁，几家夫妇同衾帐，几家飘散在他州。"（见《京本通俗小说》）到现在还有人在唱着。

不过普通常以歌谣与俗曲并称，以为歌字本是合乐的叫歌，不是徒歌。但如《诗·园有桃》"我歌且谣"，《传》云："曲合乐曰歌，徒歌曰谣。"《正义》云："谣既徒歌，则歌不徒矣，故曰曲合乐曰歌。歌谣对文如此，散则歌为总名，未必合乐也。"是歌可作歌曲解，也可作徒歌解，而徒歌歌曲，均可总名之为歌。所以刘复《中国俗曲总目稿序》便说：

歌谣与俗曲的分别，在于有没有附带乐曲。不附乐曲的如『张打铁，李打铁』，就叫做歌谣；附乐曲的如『五更调』，就叫做俗曲。

这确是歌谣与俗曲最好分别的方法。至于此种歌谣，历代均有。古时如《诗经》里的《国风》、汉魏六朝的乐府、唐五代的词，在这里面，实在都包括许多的歌谣，不过已经为一般文人学士们所鉴定了，也就变为典雅文学，不再称为歌谣了。所以关于古代的民歌，据我们现在所知的，只有明冯梦龙的《山歌》、清李调元的《粤风》、郑旭旦的《天籁集》数种而已。他们都说是辑录的，但润色的地方，恐怕不能说没有。现在就从这些书里和流行各地的歌谣，选录几首如下：

郎种荷花姐要莲，姐养花蚕郎要绵。井泉吊水奴要桶，姐做汗衫郎要穿。(《山歌》)

早朝行过妹门头，见娘照镜正梳头。怎得兄成洗面布，共娘相识挂心头。(《粤风》)

新造快船荡湖行，姐儿楼上绣鸳鸯。船要横行芦扉倒，姐儿听见脚脚跳。娘问姐儿：『为何乱跳脚？』『绣针落地寻弗着。』(《天籁集》)

此外见载于前人笔记之中，当也不少，就如下面夏至后冬至后一首：

(夏至后)一九二九，扇子不离手。三九二十七，吃茶如蜜汁。四九三十六，争向路头宿。五九四十五，树头秋叶舞。六九五十四，乘凉不入寺。七九六十三，夜眠寻被单。八九七十二，被单添夹被。九九八十一，家家打炭墼。(冬至后)一九二九，相唤不出手。三九二十七，篱头吹筚篥。四九三十六，夜眠如路宿。五九四十五，太阳开门户。六九五十四，贫儿争意气。七九六十三，布衲两尴尬。八九七十二，猫狗寻阴地。九九八十一，犁爬一齐出。

始见于《豹隐纪谈》，据云："石湖居士戏用乡语，云土

游戏娱乐

俗以二至后九日，为寒燠之候。”按：石湖居士即范成大，南宋时吴人。此歌谣到现在各地还很流传，可知由来已很古的。

此外与歌谣相似的还有“谜语”。谜语是由最古的廋辞和隐语转变而来的。据梁刘勰《文心雕龙·谐隐篇》云：“自魏代以来，颇非俳优，而君子隐化为谜语。谜也者，互回其辞使昏迷也。”是谜语或始于魏代。今所传曹操与杨修所读《曹娥碑》背“黄绢幼妇，外孙齑臼”八字隐“绝妙好辞”四字，即当时所谓隐化的谜语。到了现今，谜语殆为妇孺皆知的文字游戏；其类别大约可分人与事物三者，如：

一块板，七个眼。安个把，会说话。（头）

听听摇摇，会说会笑。尊姓大名，不知问了多少。（打电话）

一朵芙蓉顶上栽，衣裳不用剪刀裁。果然是个英雄汉，一声叫喊万门开。（公鸡）

观上例，可知谜语多以四句为主。此外又有灯谜或文虎的，那是文士游戏之作，这里可不谈及了。

二二 俗曲

Folk Songs

俗曲就是通俗的歌曲，普通又称为小曲、小调或时曲、时调。因为它都是平民所作的，不能登大雅之堂，故称为“小”，它又是随时随地所产生的，旧的过去了，新的又生了，故称为“时”。所以这种俗曲，并不始于现代，自古就有。如诗词，如乐府，如散曲，当它们初起的时候，何尝不是一种可歌的俗曲？只是后来被文人学士们所鉴赏了，才变成为典雅的乐歌，而认为正统的文学了。其未被文士们所鉴赏的，据现在所知，只有敦煌石室里，被保存一小部分，像《叹五更十二时》之类。到了明代，渐渐有人搜辑，著名的如冯梦龙的《挂枝儿》和《黄莺儿》、无名氏的《玉谷调簧》和《词林一枝》等。同时明沈德符《顾曲杂言》中，说到当时俗曲情形颇详，兹引录如下：

元人小令行于燕赵，后浸淫日盛，自宣正至成弘后，中原人行《锁南枝》《傍妆台》《山坡羊》之属。李崆峒先生初自庆阳徙居汴梁，闻之以为可继《国风》之后。何大复继至，亦酷爱之。今所传《泥捏人》及《鞋打卦》，《熬鬏髻》三阕，为三牌名之冠，故不虚也。自兹以后，又有《耍孩儿》《驻云飞》《醉太平》诸曲，然不如三曲之盛。嘉隆间，乃兴《闹五更》《寄生草》《罗江怨》《哭皇天》《干荷叶》《粉红莲》《桐城歌》《银绞丝》之属。自两淮以至江南，渐与词曲相远，不过写淫媟情态，略具抑扬而已。比年以来，又有《打枣竿》《挂枝儿》二曲，其腔调约略相似，则不问南北，不问男妇，不问老幼良贱，人人习之，亦人人喜听之，以至刊布成帙，举世传诵，沁入心腑。其谱不知从何来，真可骇叹！

从这段文字里面，我们可知明时所流行的俗曲，有《锁南枝》《傍妆台》《山坡羊》《耍孩儿》《驻云飞》《醉太平》《闹五更》《寄生草》《罗江怨》《哭皇天》《干荷叶》《粉红莲》《桐城歌》《银绞丝》《打枣竿》《挂枝儿》等。这些曲调，现在还都流传，保存在北方所流行的《牌子曲》中。到了清代，曲调更多，专辑的有乾隆间王廷绍的《霓裳续谱》八卷，道光间华广生的《白雪遗音》四卷。而当时流传的情形，较早可阅刘廷玑的《在园杂志》：

小曲者，别于昆弋大曲也。在南则始于《挂枝儿》，一变为《劈破玉》，再变为《陈垂调》，再变为《黄鹂调》，始而字少句短，今则累数百字矣。在北则始于《边关调》，盖因明时远戍西边之人所唱，其辞雄迈，其调悲壮，今则尽儿女之私，靡靡之音矣。再变为《呀呀优》，《呀呀优》者，夜夜游也，或亦声之余韵呀呀哟，如《倒板桨》《靛花开》《跌落金钱》，不一其类。又有《节节高》一种，本曲牌名，取接接高之意，自宋时有之。今则小童立大人肩上，唱各种小曲，做连像，所驮之人以下应上，当旋即旋，当转即转，时其缓急而节凑之。

又清李斗《扬州画舫录》云：

小唱以琵琶弦子月琴檀板合动而语。最先有《银钮丝》《四大景》《倒板桨》《剪靛花》《吉祥草》《倒花篮》诸调，以《劈破玉》为最佳。又有梨殿臣者，善为新声，至今效之，谓之《梨调》，亦名《跌落金钱》。二十年前，尚哀泣之声，谓之《到春来》，又谓之《木兰花》。后以下河土腔唱《剪靛花》，谓之《网调》。近来群尚《满江红》《湘江浪》皆本调也。其《京舵子》《起字调》《马头调》《南京调》之类，传自四方，间亦效之，而鲁斤燕削，迁地不能为良矣。于小曲中加引子尾声，如《王大娘》《乡里亲家母》诸曲，又有以传奇中《牡丹亭》《占花魁》之类谱为小曲者，皆土音之善者也。

按：以上所引，刘为康熙时人，李为乾隆时人，其所见小曲，名目已如此之多，若细与《霓裳续谱白雪遗音》两书查对，则仍有遗漏。如《霓裳续谱》尚有《西调》、《黄沥调》（不知即《黄鹂调》否），《一口风》《岔曲》《采红莲》《螺蛳调》《扬州歌》《玉沟调》《北河调》《隶津调》《秧歌》《花柳歌》《盘香调》《弹黄调》等，《白雪遗音》里尚有《岭头调》《湖广调》《九连环》《小郎儿》《七香车》《八角鼓》等。而道光以后，为上引诸氏所未述及的，据李家瑞《北平俗曲略》所载，尚有《济南调》《靠山调》《荡湖调》《窑调》《四川歌》《琴腔》《十杯酒》《十朵花》《叹十声》《老八板》《红绣鞋》《梳妆台》《对花》《苏武牧羊》《唱道情》等，这些当然以流行于北平者为限。此外据上海国风社《小调工尺谱》所载，尚有《唱春调》《侉侉调》《想思曲》《时赋调》《山歌调》《宣卷调》《开篇调》《大江东调》《十送郎》《肖尼僧》《采黄瓜》等，这些恐怕也只限于上海流行者为限。而流行于各地的，不知尚有多少曲调，简直使我们无法统计与调查。据1932年刘复、李家瑞所辑《中国俗曲总目稿》，共录俗曲六千〇四十四首，除其中一部分为地方戏及说唱词外，至少当有三千余首，曲调总在数百。而近十年来在上海所流行的新兴歌曲，就是像影片中的插曲，以及歌女所唱的新曲，其数目也是很多很多的。

就像上面所说的俗曲，可说多是女子所唱的，而内容不外乎恋情。此外尚有《莲花落》与《道情》，则最初都为男子所唱，内容亦较为特殊。《莲花落》据宋慧明《五灯会元》云："俞道婆尝随众参琅邪，一日闻丐者唱《莲花乐》，大悟。"是宋时已有了的。至今北方又称《十不闲》，又名《太平歌词》，也有女子唱的了。句法无定，惟唱到一段之末，必有"哎，哩嘟莲花呀，咏呀，嘟莲花"等帮腔。在山东又有一种叫《金钱莲花落》的，那因用的木尺钉有铜钱，故名。至于《道情》，相传滥觞于唐蓝采和所唱的《踏歌》（见《续仙传》）。现在则多唱郑燮所作的《渔樵耕读》。而河南却有女子专唱《道情》

的，所唱都是新词，不关“道”情，是俗曲仍以女子所唱的为多。还有现今北方在书场中所唱的杂曲，如《子弟书》《快书》《竹板书》《坠字》《牌子曲》《群曲》《岔曲》等，这也是所谓俗曲，兹分述如下：

《子弟书》是八旗子弟所创作，故名。亦称为“弦子书”，因唱时辅以三弦，或一人唱书，一人弹弦，或一人且唱且弹。有《东调西调》两种：《东调》激昂慷慨，多唱忠臣孝子故事；《西调》则沉靡和缓，多咏粉黛风月情形。编造这种子弟书的作者，现在还能考见，最早有罗松窗与韩小窗，大约是嘉道间人；此外又有鹤侣氏、云崖氏、竹轩、渔村、煦园等。遗留于今的至少在五百种以上。它的体裁开端是诗篇，俗称头行，是四句或八句的诗。正文则为七字句，但衬字很多。音调是一板三眼，所以很为迂缓。每唱六句即为一阕。要唱长的故事，即将这六句反复重叠。普通每种总有好几回，每回换一个韵。

《快书》是愈唱愈快的书，正与它名称相合。又称为“连珠快书”，那是因为书的末尾，都用《连珠调》作结的缘故。此书的体裁颇似诸宫调，也是有唱有白，唱词则集合许多曲调而成。不过诸宫调所集曲调没有一定，它却有一定的限制罢了。开端也如子弟书有“诗篇”，通常八句。次为“注头”，用很简单的词句，总叙全书大意。再次为唱词和说白。唱词通常分三落，说白即在唱词第二三落之间，又有“话白”“诗白”之分：话白有短有长，诗白常为七言四句，有时则话白诗白并用。三落第一落为《春云板》，唱时较缓，如春云初展，冉冉出岫；第二落为《流水板》，唱时稍快，如流水滔滔，行之不息；第三落为《连珠调》，则如连珠累累，琅琅不绝了。此三落并不一定，可长可短。长则各落皆可重叠，如第一落《春云板》，第二落再叠为《春云板》，以及《流水板连珠调》也是如此。短则仅有两落，可略去中间的《流水板》。唱时是用一人坐弹弦子，一人站着说唱，唱的人也有手打八角鼓的，无则以手作书中种种姿势。所唱多为历史故事，尤以战事为最多，如《长坂坡》《战长沙》《阴魂阵》《闹天宫》之类，以其动作剧烈，适于《快书》体制的缘故。

《竹板书》是唱时仅用竹板以节音，别无其他乐器，故名。其书大约由《莲花落》转变而来，因《莲花落》唱时也仅用竹板，不过唱词较《莲花落》为文雅了。这种唱词，最盛行于河北河南一带，惟两地所唱，略有不同。河北所用竹板，仅长四寸半宽寸半的竹板两块，中间系以绳索，用拇指支于两板间，相击成声。所唱多为生物故事，如《蚂蚁算命》《鹦哥问答》《百花名》等，意义较少。河南则除左手支两块大竹板外，右手又支许多相串的小竹片，俗称"节子"。桌上另有醒木，一如其他说书。所唱多为历史及说部故事，有唱有白，如《华容道》《武松打店》《猪八戒拱地》之类；间也有唱小曲的，如《三字经·劝夫》。唱时首有开场白，末有收场词。调则有小口落子调与大口落子调之分，小口即唱快板，大口即唱慢板，惟通常以唱小口为多，所以也称为竹板快书的。

《坠字》为河南所流行的唱词，河南人称弦子为坠子，而其唱词系一字坠一字者，故名坠字；普通称作坠子的，实非。其渊源由于《道情》。光绪年间，卖唱的人嫌《道情》腔调单纯，乃杂以皮黄、梆子、昆曲、大鼓诸腔，改变而创此体。所以所用唱词，多由以上各戏改编而来，如《单刀赴会》《三堂会审》《宝玉探病》等等，不过都为叙事体而非代言体，一如大鼓所唱。唱时正词之前，必先念诗、引子及序词：诗为五言或七言四句，内容随所唱对象而不同；引子通常为"四句闲言道罢，听咱慢慢道来"。序词则大略述所唱的内容。正词有七言十言之分，也有三言五言的，称为"三字联""五字嵌"，均杂于七言十言里面。从前仅为一人自拉自唱，叫做"单坠字"；现在则盛行两人对唱，且另有司乐相佐，叫做"双坠字"。唱的多为女子，所以河南人有"听戏不如听《坠字》"的说法。

《牌子曲》一名杂牌子，因由各种杂牌小曲集合而成，故名。这种许多牌子（即曲调），都是随意凑合，并无规定，大抵皆随故事情节相近的来配合，所以唱起来极为变化，有时便流于滑稽。所唱多为恋爱或社会琐事，如《杜十娘》《金山寺》《春香闹学》等，皆取材于小说或戏曲，又如《老妈开谤》《婆媳顶嘴》《灶王朝天》等，则为自由创作了。所用曲调，共有六十余种之多，用得最多的，是《罗江怨》《南罗儿》《叠断桥》《云苏调》《剪靛花》《靠山调》《湖广调》《倒推船》等曲，此外如大鼓、子弟书、快书、二黄、西皮、梆子诸腔，也被采用的，可知包罗广博，真是集杂曲的大成了。每曲起首都有"曲头"及一段"嗽唱"（就是用说话的口气，急快的说念有韵的词句），书末有一段"曲尾"，和古曲中的尾声一样。中间杂牌小曲，并无一定，短则五六牌，多则二三十牌。唱时只用一架三弦，故又称"单弦"，但也有手摇八角鼓的。现在大鼓书场中所谓"八角鼓"，实在多唱这种牌子曲的。

《群曲》也是随意集合许多曲调而成一曲的，所以格式颇似牌子曲，不过书前没有曲头嗽唱等而已。其初本称为"太平歌词"，因为曲词多为清高宗御制的

《凯旋歌》，故为太平。后则专用于喜庆堂会的开场曲，失却原来用意，故别称为群曲。现今流传的，多为吉庆语词，如《八仙庆寿》《仙风飘荡》《万寿香》等，都是用于庆寿的；偶然也有描写情景的，如《大秋景》《小秋景》之类。唱时全班皆衣冠整齐，气象庄严，各持锣鼓乐器，围桌拱立，不得坐唱，还存太平歌词尊崇御制的遗意。唱法先以一人随弦子引唱一段，然后锣鼓齐鸣，全班的人，一齐合唱，唱一句后，即鸣锣鼓一下。这样唱完数曲，乃唱一段曲尾，即作为完毕。所以群曲以庄严热闹为主，较牌子曲以幽雅擅场的，情境是不同的。

《岔曲》相传为清时八旗子弟奎菊岔或宝树岔所创制，故名。乾隆年间王廷绍所辑《霓裳续谱》，收录岔曲很多，且有平岔、起字岔、慢岔、数岔、坎字岔之分，以平岔为最短，数岔为最长，大约合数平岔而成的。今则分为长岔与小岔两种：长岔俗称赶板，又称赶座；小岔俗称脆岔，亦称小八句岔曲，因每曲仅有八句。曲词内容，多为写景抒情咏物之类，叙述故事的很少，如长岔《急风骤至》《桃杏花儿香》，小岔《山景无边》《半掩纱窗》等。但不论长小，每词均分三段，第一段为曲头，第二段为过板，第三段为卧牛。小岔第二段末字，必与第三段首字相重，如《半掩纱窗》第二段"半明不暗灯"与第三段"灯光半亮"即以"灯"字前后相重。长岔则不甚守此规则，或重或否。此种唱词，在乾隆时最为盛行，现在仅在大鼓书场开场中，或在别种歌唱之前偶一来唱，作为试定管弦高低而已。

一三 舞蹈

Dance

肖形印

手舞足蹈，是有人类就有这种行为的。《诗序》所谓："情动于中，而形于言；言之不足，故嗟叹之；嗟叹之不足，故歌咏之；歌咏之不足，不知手之舞之，足之蹈之。"可知舞蹈实出于自然，非学习才能会的。不过这种舞蹈，只是随情而发，没有娱乐可言。其可供人娱乐的，如舞台上的歌舞，和舞场里的跳舞，前者由舞者供人娱乐，后者则自娱其乐，这才是我们现在所要说的。

先来说那歌舞，在我国可说古已有了的，今日旧剧里正多那种歌舞的场面；而且中国的戏剧，正由歌舞嬗变而来的。如王国维《宋元戏曲考》云：

古之俳优，但以歌舞及戏谑为事，自汉以后，则间演故事，而合歌舞以演一事者，实始于北齐。顾其事至简，与其谓之戏，不若谓之舞之为当也；然后世戏剧之源，实自此始。

至于最初的歌舞究竟怎样呢？王氏亦有说明云：

> 歌舞之兴，其始于古之巫乎？巫之兴也，盖在上古之世。……在男曰觋，在女曰巫。……《说文解字》：『巫，祝也，女能事无形，以舞降神者也。象人两褎舞形，与工同意。』故《商书》言：『恒舞于宫，酣歌于室，时谓巫风。』……郑氏《诗谱》亦云：是古代之巫，实以歌舞为职，以乐神人者也。

是古之歌舞，由巫而兴，巫则以歌舞为职，用以娱乐神与人的。其后乃有俳优，渐渐代巫觋之职而为歌舞了。但现在国人说起歌舞，辄重视西洋所传入的，所以一切歌舞表演，无不模仿西式。此种歌舞，其传入，不过是近数十年的事，如王韬《瀛壖杂志》云：

> 西人工为戏剧，如纵跃飞舞，皆以女子为之。短裙窄袖，袒胸及肩。衣裾四周，悉缀宝珠。雪肤花貌，掩映于明灯之下，与烛光相激射。台下奏乐者十余人，抑扬嘹亮，皆西国乐器也。女子步武疾缓，悉中音节。

这就是王氏初见西洋歌舞的记载，其情形与今日正同，其实我国古时女子，亦何尝不工此戏，只是没有像她们“袒胸及肩”而已。

至于室内的跳舞，王氏书中尚未载及，可知其传入更后。盖中国对于社交，向来不公开的，此种男女相交而舞，自非国人所乐闻。其最早传入的地点，当在于上海，而上海第一家创办舞场，据说是一品香旅社，当然舞的人不会很多。据1929年所出版的《上海指南》（商务版），当时全上海舞场只有四家：除一品香旅社称为桃花宫外，其他三家，一在宁波同乡会隔壁的巴黎饭店内，一在北四川路的月宫饭店内，一在三洋泾桥名安乐宫。所以跳舞的兴盛时期，还在1931年以后，到现在不过十余年的历史而已。

其实研究现在舞场里所跳的舞，都可说是第一次世界大战后才有的，像最普通的狐步舞（fox trot）就是大战后所产生。Fox或解作狐，或说是人名，其详不得而知。此外有许多的舞，可说都是黑人所发明的，而经舞者加以修饰罢了。这点诚如凌琴如在《社交跳舞术》中所说:“跳舞如Charleston、Black Bottom、Stamp、Chicago、Drag等等,都是根据在美国的黑人间那种家乡跳舞,而好舞家加了一些修饰,使那些美丽的舞女,蹁跹地舞起来,如是一些好事之徒就大家传学着,而竟成为一种流行的跳舞了。”而且现在舞场里所盛行的爵士(Jazz)音乐,它的产生也在第一次大战以后。原来“爵士”这一个字,是黑人的土语,含有“迅速”“有生气”的意思。自从黑奴由非洲输入美国以后,他们就带了这句话和音乐,以及合那音乐跳舞而来,时时演奏以安慰他们的生活。其后由美国人惠德曼(Paul Whiteman)(现译怀特曼——编者注)于1924年组织乐队演奏以后,于是爵士音乐才为世界所闻知,所以到现在还不过二十年而已。

一四 相声

Cross Talks

相声是北方一种说笑的玩意。张笑侠《相声集》中所谓："相声虽然不是扮演的戏剧，但是他们用一种反话正说正话反说的滑稽口吻，出演各种玩意，也可以说是滑稽剧的一种。"因为"不是扮演"，所以虽然"可以说是滑稽剧的一种"，实在并非戏剧，只是有说有唱而已。

讲到相声的渊源，那确是很古很古的，要比戏剧发生得还早。唐代有所谓"弄参军"的，就是与相声很相似。唐段安节《乐府杂录》云：

开元中，黄幡绰张野狐弄参军。始自汉馆陶令石耽，耽有赃犯，和帝惜其才免罪，每宴乐，即令衣白夹衫，命优伶戏弄辱之，经年乃放，后为参军，误也。开元中，有李仙鹤善此戏，明皇特授韶州同正参军，以食其禄。是以陆鸿渐撰词，云韶州参军，盖由此也。

按：汉时犹无参军官职，可知旧说为非，段说是也。其后范摅《云溪友议》，亦云："元稹廉问浙东，有俳优周季南季崇及妻刘采春，自淮甸而来，善弄陆参军，歌声彻云。"陆参军当由陆鸿渐撰词误会而来，其实应称李参军。于此也足见唐时弄参军的盛行，且有女优，也有歌唱。脚色则仅两人，一即名为参军，一则称为苍鹘，李商隐《骄儿诗》所谓"忽复学参军，按声唤苍鹘"是也，正与相声相同。至其所弄的情形，可阅高彦休《唐阙史》记李可及的一条：

咸通中，优人李可及者，滑稽谐戏，独出辈流，虽不能托讽匡正，然巧智敏捷，亦不可多得。尝因延庆节缁黄讲论毕，次及倡优为戏，可及乃儒服险巾，褒衣博带，摄齐以升讲座，自称三教论衡。其偶坐者问曰：『既言博通三教，释迦如来是何人？』对曰：『是妇人。』问者惊曰：『何也？』对曰：『《金刚经》云，敷座而坐，或非妇人，何烦夫坐然后儿坐也？』上为之启齿。又问曰：『太上老君何人也？』对曰：『亦妇人也。』问者益所不喻。乃曰：『《道德经》云，吾有大患，是吾有身；及吾无身，吾复何患？倘非妇人，何患乎有娠乎？』上大悦。又问：

『文宣王何人也？』对曰：『妇人也。』问者曰：『何以知之？』对曰：『《论语》云，沽之哉，沽之哉，吾待贾者也。向非妇人，待嫁奚为？』上意极欢，宠锡甚厚。翌日，授环卫之员外职。

这是完全说笑的，所谓“正话反说”者就是这种弄参军，直至明代也还有的，其详可阅王国维的《优语录》。至于现在的相声，据张笑侠《相声集》云：“所创大约在前清末叶，有人说是满人阿刺儿及朱文文（即穷不怕）等所创，不知此说确否？”其实恐怕就是沿明而来的。

相声命名的意义，本是能学各种飞禽走兽的叫声，各地人的言语声，以及各处的叫卖声，所以叫做“相声”，相就是像的意思。但后来却改变了，并不专学声音，因此又有明暗之分，暗的就指隐在幕内，学着声音；

明的却在幕外，一个人叫“说”（单口），两个人叫“逗”（对口），也有三个或四五个，那叫做“凑”。说是说大小的笑话，各种可笑的故事，如《武则天艳史》《四霸天》《张广太》等。逗是一主一宾，用滑稽口吻，说社会的琐事，这一类最多，如《对对子》《开粥厂》《歪讲三字经》《百家姓》等。唱是用小竹板为节，唱各种小曲，这又是范围很广，如《太公卖面》《韩信算卦》《闹天宫》等等，以及皮黄梆子秧歌大鼓也无所不唱的。

至于流行上海的滑稽，其实也是相声的一种。虽有两人，其实只有一人，另一人仅在旁边应声而已，并不处重要地位，所以也称为“独脚戏”。惟所说所唱，皆以滑稽为主，故颇似相声。

此外还有双黄（现通用双簧，下同——编者注），性质亦与相声相近，不过一坐于前，一隐于后，至于谈笑歌唱，则一如相声。相传始于黄辅臣，百本张《双黄钞本》中所谓“我们学的是故去的生意人黄辅臣”是也。据李斐叔《梅边杂忆》云：“黄约咸同间人，面目奇丑。初亦说书之流，以一人能学做各种人物动态，故名双黄。其后始分为两人学作一人也。”又庆五《京津间之花茶馆》，则谓：“双黄创始于北京票友黄氏昆仲，故称双黄。其拿手处在前脸不在后脸，在指手画脚，不在唱工好歹。”此说恐不可信，要以李说为近似的。

二五 讲书

Storytelling

讲书就是用白口讲说史书。讲的只有一人，不用乐器，至多在案上用一块醒木而已，而听的人却也津津有味，不下于弹词鼓词之类。按：宋时原有一种"说话人"，其讲说正像现在的讲书，用口演说故事的。这种所说的底本，即所谓话本，现在还很多流传着。此种宋人说话，各有专家，如耐得翁《都城纪胜》，其记瓦舍众伎说话云：

说话有四家：一者『小说』，谓之银字儿，如烟粉灵怪传奇。说（此说字疑衍，《梦粱录》正无）公案，皆是搏刀赶棒乃发迹变泰之事；『说铁骑儿』，谓士马金鼓之事；『说经』，谓演说佛书；『说参请』，谓宾主参禅悟道等事。

其后吴自牧《梦粱录》中，也有同样记载，惟无“说铁骑儿”，而多“又有说诨经者”，故亦称“四家数”。此外还有一种讲史书，《都城纪胜》所谓：“讲史书，讲说前代书史文传兴废争战之事，最畏小说人；盖小说者能以一朝一代故事，顷刻间提破。”盖其性质与上列四家不同。上四家都是说短篇的，能“顷刻间提破”，讲史书则多是长篇，非一朝一夕所能说完的。此中有无家数不得而知。或如孟元老《东京梦华录》“霍四究说《三分》，尹常卖《五代史》”，依各人所擅长的分为家数，也未可知。又据周密《武林旧事》所载，小说有蔡和等五十二人，说经诨经有长啸和尚等十七人，演史有乔万卷等二十三人。可知说短的居多，讲长的较次。到了现在，差不多都是讲长篇了。

这种讲说，究起于何时，据明郎瑛《七修类稿》云：“小说起于宋仁宗时，国家闲暇，日欲进一奇怪之事以娱之，故小说得胜头回之后，即云话说赵宋某年云云。”这话也许是可信的，因为今日所见的话本，最早均为宋代。

惟此为说短的小说，若长篇的讲史在唐代已有了的，李商隐《骄儿诗》云："或谑张飞胡，或笑邓艾吃。"这正说明当时已有讲三国故事的。到了宋代，讲史更为发达，如苏轼《东坡志林》引王彭的话云：

涂巷中小儿薄劣，其家所厌苦，辄与钱，令聚坐听说古话。至说三国事，闻刘玄德败，颦蹙，有出涕者；闻曹操败，则喜唱快。以是知君子小人之泽，百世不斩。

可知北宋有讲三国故事的，连小儿也喜去听。而孟元老《东京梦华录》中，详载当时东京讲史的人，有孙宽、孙十五、曾无党、高恕、李孝祥等；又有霍四究说《三分》，尹常卖《五代史》，则此二人以专说三国与五代为擅长的。又周密《武林旧事》，亦载有乔万卷至陈小娘子二十三人“演史”，演史当亦讲史，那么到了南宋，不但男子讲史，且有女子以此为职业了。

此外宋人说话的情形，据现在所流传的话本考查起来，就是说话以前，总有一段所谓“入话”或“得胜头回”“笑耍头回”之类，或用诗词，或说故事，或发议论，有的与正文略有关系，有的与正文全无关系，正如今日唱弹词的，开场必先来一个“开篇”。这种情形，现在有的讲书人还正如此。因为讲说原是一种职业，为迁就观众，怕开讲时听众没有到齐，所以先来一段入话或头回，以待后来的人们。其称“得胜”者，盖听众多是军民，所以冠以得胜的古语。

一六 宝卷

Stories from Sutra

宝卷可说是“变文”的嫡裔，它也是宣扬佛教的，而最初宣讲的人，也正是一般寺庙的僧徒们。

原来变文是中国最早的有说有唱的文学。它为什么叫做变文呢？郑振铎《中国俗文学史》中有很好的解释，他说：“所谓变文之变，当是指变更了佛经的本文而成为俗讲之意。后来变文成了一个专称，便不限定是敷演佛经之故事了。或简称为变。”这是说变文的“变”，是变更的意思，因为“变更了佛经的本文而成为俗讲”，所以叫做变文。至于变文的起源，当始于唐时。五代王定保《摭言》有一则记张祜和白居易的对话：

张祜《忆柘枝诗》曰：『鸳鸯绣带抛何处？孔雀罗衫属阿谁？』白乐天呼为问头。祜曰：『明公亦有《目连变》。《长恨词》云，上穷碧落下黄泉，两处茫茫皆不见，此不是目连访母耶？』

这里所谓“目连变”，也许就是我们现在所能见到的《大目乾连冥间救母变文》。可知在中唐时候，变文已盛极一时，所以张祜与白居易有此相戏语的。又唐赵璘《因话录》中，曾记文淑僧谭说情形：

有文淑僧者，公为聚众谭说，假托经论所言，无非淫秽鄙亵之事。不逞之徒，转相鼓扇扶树，愚夫冶妇，乐闻其说，听者填咽，寺舍瞻礼崇奉，呼为和尚。教坊效其声调，以为歌曲。

此“聚众谭说，假托经论”，虽未明言为说唱变文，但其情形确为说唱变文无疑。大约此种变文，既是变更佛经而成说唱，故其初必为寺僧们所为，一面固是宣扬佛经，一面使变成歌曲，以便吸引听众。又唐段安节《乐府杂录》云：“长庆中，俗讲僧文叙善吟经，其声宛畅，感动里人。”此文叙或即文淑，正中唐时的僧人。所以变文的起源我们虽不能确定为何时，但在中唐时已盛行，则据上数书所载，已可证明了的。

变文既起源于唐，至于这种文体，它的由来究竟是怎样呢？因为这种文体，是散文与韵文合组，这在我国古代可谓绝无的。（古文中的墓志铭虽也散韵相合，即志用散文，铭用韵文，但志只是铭的说明，严格地说起来，志是序文，而铭才是正文，与变文交互使用者截然不同。）郑振铎《中国俗文学史》中，他告诉我们是受印度文学的影响，这见地是很对的。他说：

变文的来源，绝对不能在本土的文籍里来找到。我们知道印度的文籍，很早的便已使用到韵文散文合组的文体。最著名的马鸣的《本生鬘论》也曾照原样地介绍到中国来过。一部分的受印度佛教的陶冶的僧侣，大约曾经竭力地在讲经的时候，模拟过这种新的文体，以吸引听众的注意。得了大成功的文溆或文溆便是其中的一人。

但是变文到了宋真宗时，却被禁止了的，于是变文也就消灭，代替它的是“说经”与“说参请”，那也是说唱佛教的故事。宋耐得翁《都城纪胜·瓦舍众伎》中所云说话四家，其中便有“说经，谓演说佛书；说参请，谓宾主参禅悟道等事”。同时吴自牧《梦粱录》也有相同的记载，且增一“说诨经者”。周密《武林旧事》诸色伎艺人里，便举说经诨经有长啸和尚等十七人，弹唱因缘有董道等十一人。可惜这些作品，现在都没有一本流传，但其为变文的变相，从上面三书所记载的已可知晓了。这些“说经”等等，也许就是宝卷的别称，盖宝卷所说唱的，正是“演说佛书”“参禅悟道”等事。而现在所流行的《香山宝卷》，相传为宋普明禅师所作，其原题则为《观世音菩萨本行经》，犹未被称为“宝卷”，正与说经的“经”相符，是宝卷的名称，或为后来所题称的。郑振铎《中国俗文学史》中云：

北平图书馆藏有宋或元人钞本的《销释真空宝卷》。我于前五年也在北平得到了残本的《目连救母出离地狱升天宝卷》一册，这是元末明初的金碧钞本。如果《香山宝卷》为宋人作的话不可靠，则『宝卷』二字的被发现于世，当以《销释真空宝卷》和《目连宝卷》为最早的了。

这是据现在所知，“宝卷”二字的名称，大约到元时才有的。所以宋时尚无宝卷之称，而直称为说经罢！今日称说唱宝卷为“宣卷”，就是“宣讲宝卷”之意。至于何以称为宝卷，那大约是宝贵的经卷之意，别的含义恐怕是没有的。

宝卷的体例也像变文一样，是韵散合组的，不过韵文部分，有七字句，也有十字句，变化较多。而且除叙事体外，还有代言体。这种代言体，大约到清嘉庆以后方有，因为弹词的代言体就发生在那时的。

宝卷也像变文一样，内容可分佛教故事与非佛教故事两类；又有一种神道故事，那也可以包括在佛教故事之中。最初当然以佛教性质的宝卷为多，除上述外，尚有《药师本愿功德宝卷》《鱼篮观音宝卷》《刘香女宝卷》《伏虎宝卷》等，皆较为著名的。其后则为迎合听众，不得不采取民间故事而以因果相说，如《孟姜女宝卷》《梁山伯宝卷》《白蛇宝卷》《珍珠塔宝卷》《何文秀宝卷》等，此外更有《百鸟名宝卷》《药名宝卷》等，那是一种游戏性质了。

一七 弹词

Storytelling to the Accompaniment of Stringed Instruments

弹词

以琵琶唱古今小说，当然很似如今的弹词。现在浙江又叫做“南词”。

弹词是流行于南方的唱词，它的异称很多。明时有一种“陶真”，一作“淘真”，也与弹词相仿佛。明田汝成《西湖游览志馀》云：

杭州男女瞽者，多学琵琶，唱古今小说平话，以觅衣食，谓之陶真。大抵说宋时事，盖汴宋遗俗也。若《红莲柳翠》《济颠》《雷峰塔》《双鱼扇坠》等记，皆杭州异事，或近世所拟作者也。

以琵琶唱古今小说，当然很似如今的弹词。现在浙江又叫做“南词”，清范祖述《杭俗遗风》云：南词，

说唱古今书籍，编七字句。坐中开口弹弦子，打横者佐以洋琴，名曰『洋二百』，盖坐中工洋一元，而打洋琴者工钱二百也。每本四五回，称为唱书先生。

按：此虽未说明为弹词，但"说唱古今书籍""开口弹弦子"，实即为弹词无疑。而至今浙东宁绍一带，正称弹词为南词。宁波又称"文书"，以别于武书（武书就是讲书，多讲历史故事，故与专讲文绉绉的恋爱故事，比较是武闹一些），所以那地方的"唱书先生"到了上海，便称其所唱为"四明文书"，其实都是属于弹词。

其次在福建叫做"评话"。评话其实就是宋时的平话，是指一般讲书而言的，不过后来有许多以为弹词源于平话，故称弹词仍为评话。我曾在一本《福州游览指南》中看到，说闽人称弹词为评话，也有说有唱，与讲书有说无唱的完全不同。闻有《榴花梦评话》一种，多至三百余本，可谓弹词中最长的作品。惟普通所说唱的，大率每本约三小时，最长唱到十余天也完毕了。在广东的又称为"木鱼书"，实亦弹词的别称。清吴沃尧《小说丛话》云：

弹词曲本之类，粤人谓之『木鱼书』。此等木鱼书，虽皆附会无稽之作，要其大旨，无一非陈述忠孝节义者；甚至演一妓女故事，亦必言其殉情人以死。其他如义仆代主受戮，孝女代父赎罪等事，开卷皆是，无处蔑有，而必得一极良之结局。妇人女子，习看此等书，遂暗受其教育。惜乎此等木鱼书，限于方言，不能远播耳。

可知粤人所谓"木鱼书"与弹词毫无异致。其真以弹词称弹词者，惟苏沪一带而已，然有时也称为说书的。

弹词的由来，有的说是唐代的变文，有的说是宋代的诸宫调。明臧懋循《仙游梦游》二录序云："若有弹词，多瞽者以小鼓拍板唱于九衢三市，亦有妇女以被弦索，盖变之最下者也。"郑振铎《中国俗文学史》中也说："弹词的开始，也和鼓词一般，是从变文蜕化而出的。其句法的组织，到今日还和变文相差不远。"赵景深却反对此说，他在《弹词选》中云：

弹词的起源或谓起于唐代的变文，这只是为了迄今可见的最早的连说带唱的故事是唐代的变文而已。但变文是否挡弹而唱，便不可得知，所以我以为变文直接影响的该是宝卷，不是弹词。……我以为弹词直接的渊源该是宋金元的诸宫词。弹词是变文的侄儿侄女，但它却是诸宫调嫡亲的儿女。诸宫调和弹词都没有宗教的色彩，又都是篇幅浩瀚的。……况且董解元的《西厢》，一名《西厢挡弹词》，可见确是弹唱的。不过诸宫调有南北曲之分。南曲有《张协状元》戏文的开端，北曲有《刘知远传》《董西厢》等。弹词亦为南方的叙事诗，可说是由南诸宫调的系统下来的（也有的受北诸宫调的影响）。北方的叙事诗则为鼓词，当系北诸宫调的系统连系下来的。

是说弹词为诸宫调的嫡系，而只是变文的旁系。但不论为嫡系与旁系，其受变文的影响则一，不过一为直接，一为间接，广泛地说来，弹词还是由变文演变而成功的。

弹词既由变文演变而来，至其产生究始于何时，今已不可考知。今日所知最早的弹词，为元末明初杨维桢所作的《四游记弹词》（内分《侠游、仙游、冥游、梦游》），然今日已无存本，仅知明万历时臧懋循曾替它刻过三种，有一篇序文在臧氏的文集中，故其体裁究属如何，今日不得而知。其次则为明正德嘉靖间杨慎所作的《二十一史弹词》，已和今日所见弹词的体裁很相近。但其韵味总与后来的弹词不同，因为它是叙述历史的，倒与北方鼓词类似，所以谭正璧《中国文学史》以为那只是鼓词而不是弹词。此外北平孔德学校据说藏有明代的弹词《番合钏》（见《珊瑚》二卷二号凌景埏《珍珠塔各本异同考》引），不知它体裁如何，否则真可说是今日所见最早的一本了。又阿英《弹词小话引》中

弹词既由变文演变而来，至其产生究始于何时，今已不可考知。今日所知最早的弹词，为元末明初杨维桢所作的《四游记弹词》(内分《侠游、仙游、冥游、梦游》)。

以“杨慎的《二十一史弹词》，王百穀头本的《三笑缘弹词》算是最早”。按：王百穀即王穉登，万历时人，较杨慎为后，不知王氏此作，与今日弹词相同否？他未有说明，不得而知。但就这些说来，可知弹词产生的年代，约当在明时的。

弹词的体裁，如以普通所熟见的《二十一史弹词》来说，那是每段先为《临江仙》等曲，次为“诗曰”数段，然后再入本文。本文先用散文叙述，就是关于史的事迹；次为唱词，全是三三七的十字句，和鼓词颇同。最后则为诗及《西江月》，以结束全段。又此种弹词，完全是叙事的，即完全用第三人称作客观的叙述，毫无代书中人口气作话的地方。

但弹词后来也有代言的，到现在各地所弹唱的差不多都是代言体了，即除第三人称外，也用第一人称，替书中人口气说唱。据李家瑞《说弹词》（见“中央研究院”《历史语言研究所集刊》第六本第一分）云：

雍正乾隆时作的《梅花梦》《陶朱富》，也还是用作书人的口气。……及至嘉庆时代《云琴阁》《文明秋风》等出，始有纯粹代言体的弹词。本所藏有一百四十余种弹词，其体裁的时代变迁，不外如此。

这是说在嘉庆以前，弹词还没有代言体的，嘉庆时方才有了。这实在是弹词的一个大进步，在体裁上的一个大革命，不得不在这里特别提及。

一八 鼓词

Storytelling to the Accompaniment of Drum

鼓词也像弹词是唱词之一，不过它除弹弦子以外，兼打小鼓及铁片，这与弹词仅弹弦子不同。同时弹词有叙事代言两种，鼓词却只有叙事一体；弹词流行于南方，而鼓词流行于北方；弹词所唱的多为才子佳人的离合故事，鼓词多为激昂慷慨的历史故事，这些也都是不同的。但是两者都有说有唱，由散文与韵文合组，都可说是由变文演变而来，那又是相同的。

鼓词既由变文演变而来，但其产生的时代，却还是有许多的疑问。北宋时赵令畤有《商调蝶恋花鼓子词》，这可说是鼓词之最早见于载籍的。不过与现在的鼓词，体例还不完全相同。南宋陆游《小舟游近村舍舟步归》云："斜阳古柳赵家庄，负鼓盲翁正作场。身后是非谁管得，满村听说蔡中郎。"有人以为"负鼓盲翁"所唱的也就是鼓词。但那时的鼓词，到现在却一本也没有流传下来，使我们还不能明其真相。我们现在所能看到最早的鼓词，是明末阙里人贾凫西（号木皮道人）

的《木皮鼓词》，这是说唱开辟以至明初的历史故事的，虽然简略得很，但确已具有今日鼓词的体式。又据郑振铎《中国俗文学史》中所说，他曾在北平得到一部《大唐秦王词话》（一名《秦王演义》），名为词话，实是鼓词，因此他认为这是今日所见最早的鼓词。但版本还是明末的，那么与《木皮鼓词》的产生实为同时。所以我们现在可以假定，鼓词也与弹词一样，其产生大约是在明代的。至于现在所流传的鼓词，大都为清人所作。作者大都即为说唱的人，其情形正像宋人话本为说话人所作一样。

鼓词的体例，也与弹词一样以韵散文合组的，大抵议论叙事则用散文，记景写情则用韵文。又因为是叙事体，所以没有代书中人的说白，只有说书人自己的表白。唱词通常也分七言与十言两种，参差互用，其实都是七言，十言中的三言乃是衬字。取材多为历史与义侠的故事，这大约是北方人性情较烈特嗜所在的缘故。著名的如《左传春秋》

《前后七国志》《三国志》《北唐传》《薛家将》《粉妆楼》《绿牡丹》《杨家将》《呼家将》《水浒传》《济公传》《包公案》《英雄大八义》《小八义》《大明兴隆传》《施公案》《刘公案》等等，或由小说所改编，或为后来小说所由出，都是长篇大幅，有多至一百回以上的，所以全书很长，非唱至几十天或几个月不能完的。

但鼓词也并非绝对没有儿女风月故事的，不过这些都比较简短，主要的如《西厢记》《二度梅》《蝴蝶杯》《三元传》《紫金镯》《绣鞋记》等。

以上所说都是整本大套的鼓词，但到后来也有唱短篇零段的了，那普通称做“大鼓书”，简称“大鼓”。赵景深《大鼓研究》以为：“整本大套和零段似乎是两样东西，零段本来就是零段，决不是从整本大套中截取下来的。因为整本的有说有唱，零段则有唱无说，且自为起讫，有头有尾，二者分别甚明。”郑振铎《中国俗文学史》中则反对其说，他说：

到了清代中叶以后，大规模的鼓词讲唱者渐少，而『摘唱』的风气以盛。所谓『摘唱』便是摘取大部鼓词的一段精华来唱的。这似是一种自然的趋势，南戏的演唱由全本而变成『摘出』，鼓词也便由全部的讲唱而变成『摘唱』。这种趋势是原于社会的和经济的原因的。以后成了风气，便有人专门来写作这种短篇的供给『摘唱』的鼓词了。赵景深先生以为近日流行的大鼓书和鼓词不是同物，这见解是错误的。近日大鼓书诚然很少夹入说白；但每次讲唱时，唱的人仍要来一段开场的。因为短，所以以下便也容纳不下讲说的一部分了。这便是讲的部分渐渐被淘汰了的原因。

我们以为大鼓的唱法的确与鼓词很相近似，而且所唱也以历史故事为多，虽然是“两样东西”，毕竟渊源还是一个的。这情形也正如弹词之有开篇，开篇也是没有说白的，但不能不说开篇是弹词的一体。

虽说是大鼓，但它的种类却很多。如李家瑞《北平俗曲略》云：

大鼓书的种类，用乐器分则有梨花大鼓、铁板大鼓、五音大鼓；用地域分则有京调大鼓、山东大鼓、乐亭大鼓、奉天大鼓、天津大鼓。然而无论他是什么大鼓，统统都是弹弦打鼓的，不过有的是外加两片梨花筒（即《明会典》所称花梨拍板），有的是外加两片半月形的铁片。所以大鼓的名称虽多，大别之不过是梨花与铁片二种而已。

其中所称为“京调大鼓”，普通也作京音大鼓或京韵大鼓，这是出于北平的，所以现在又称为平音大鼓。据老蚕《说大鼓》云：“大鼓以梨花（即山东大鼓）为最早。梨花本名犁铧片，乃农器之碎铁片也。此片后用铁工专制，渐失本源。梨花大鼓唱者皆山东产，唱皆整本大套，今女子多唱零段矣。”这更可证明大鼓实由鼓词而来，而知最早产生于山东，后则渐及于他方。最初唱的人都是走街坊的，所唱也只是社会琐事，如《渔翁得利》《姑嫂降香》《颠倒古人名》之类（均见百本张钞本）。后则在台上演唱，故事也就采取历史和小说方面去了，如《三国演义》《水浒传》《红楼梦》，都是采取很多的，所以通常所唱，总不外乎《长坂坡》《群英会》《华容道》《闹江州》《坐楼》《活捉》《黛玉悲秋》等等。此外也有取材于社会琐事的，如《情人顶嘴》《妓女悲秋》《背娃入府》等等，那往往流为滑稽大鼓了。

大鼓的长短并不一定，最短的只有八句，如《八爱》《八喜》《八茶》都只有八句，但现在已没有唱的了。实则这八句为一阕，尽可以周而复始地叠至数百阕，故通常以千字左右为多。近年来演唱者为迎合时好起见，往往于本调之中，夹以他调，如西皮二黄之类，俗称“带腔”，与原来纯粹的大鼓已差得远了。

一九 戏剧

Dramas

戏剧

中国真正戏剧的产生，是始于宋的戏文，嗣后元有杂剧，明有传奇昆曲，中国的戏剧乃渐发挥光大。

中国真正戏剧的产生，是始于宋的戏文，嗣后元有杂剧，明有传奇昆曲，中国的戏剧乃渐发挥光大。其中因曲调及产生地点的不同，向来称戏文传奇昆曲为南戏或南曲，称元杂剧为北剧或北曲。

戏文的产生是早于元代杂剧的，而与宋杂剧则不同，所以王国维在《宋元戏曲考》中说："南戏当出于南宋之戏文，与宋杂剧无涉。"盖宋杂剧实始于北宋，是一种歌舞或滑稽戏。至于南戏始于南宋，明祝允明《猥谈》曾云：

南戏出于宣和之后，南渡之际，谓之『温州杂剧』。予见旧牒，其时有赵闳夫榜禁，颇述名目，如《赵贞女蔡二郎》等，亦不甚多。

温州即今浙江永嘉县治。在明初叶子奇《草木子》中也已说过:"俳优戏文,始于《王魁》,永嘉人作之。"合此两说,可知南戏戏文,最早有《王魁》《赵贞女》诸剧,今原剧虽已不存,但《王魁》残文尚存于明沈璟《南九宫谱》中。

然而戏文的渊源究竟是怎样呢?王国维只云:"于宋殆无可疑,至何时进步至此,则无可考。"郑振铎《中国文学史》则告诉我们一个新的消息,以为来自印度。他说:

传奇的体例与组织,却完全是由印度输入的。在佛教徒或史官的许多记载上,我们看不出一点的这样的戏曲输入的痕迹。但我们要知道戏曲的输入,或未必是由于热心的佛教徒之手的;而其输入的最初,则仅民间流布着。这些戏曲的输入,或系由于商贾流人之手而非由于佛教徒,或竟系由于不甚著名的佛教徒的输入也说不定。……我猜想,当初戏曲的输入来,或并非为了娱乐活人,当系海客们作为祷神酬神之用的,其成为富室王家的娱乐之具,却是最后的事。

他又举一个实例，说是胡先骕曾在天台山国清寺发现梵文写本的印度名剧《梭康特娫》(Sukantala)(现译为《沙恭达罗》——编者注)的一段，天台山离戏文发源地温州不远，这正可证明他这个"输入说"的不诬。接着他又将戏文体裁与所取的题材，无不与印度戏曲相逼肖。这个说法可说是簇新的。但在郑氏之前，许地山也曾写过《梵剧体例及其在汉剧上的点点滴滴》一文(刊《小说月报》号外《中国文学研究》中)，郑氏也许受他的影响罢!

至于现在所通行的戏剧，当以皮黄戏为最盛行，昆曲已渐成绝响，演出的地方已少，所以就专来谈谈皮黄戏罢!

皮黄戏便是合西皮二黄两调的戏剧，其发祥地在北京，故通称京剧，北京曾改为北平，因又称为平剧。但北京人则称为二黄戏。

西皮调源于甘肃腔，谢章铤《赌棋山庄词话》云："甘肃腔即琴腔，又名西秦腔，胡琴为主，月琴为副，工

京剧 皮黄戏便是合西皮二黄两调的戏剧，其发祥地在北京，故通称京剧……但北京人则称为二黄戏。

尺咿哑如语，今所谓西皮调也。”前乎此者，乾隆时吴长元《燕兰小谱》亦有此说，云：“友人言，蜀伶新出琴腔，即甘肃调，名西秦腔。其器不用笙笛，胡琴为主，月琴副之，工尺咿唔如话。”是其时犹无西皮调之称。至道光时张际亮撰《金台残泪记》，始云：“南方谓甘肃腔曰西皮调。”可知西皮调是南方人所称谓，欧阳予倩《谈二黄戏》所谓：“湖北叫唱是皮，一段唱叫一段皮，西皮或者是西秦的唱的意思。”证之张氏之说，这解释是很对的。至甘肃腔传入于北京，据《燕兰小谱》，则始于蜀伶魏长生，俗称魏三，于乾隆四十四年随人入京。其时京中有双庆部的，不为世人所赏，长生乃加入该部，演《滚楼》一剧，名声忽动全京，观者日至千余。于是京中原有的京腔（即弋腔），遂无人过问，而盛行甘肃腔了。

二黄调当源于湖广调，即今所谓汉调或楚调。嘉庆时张祥珂《偶忆编》云：“戏曲二黄调，始自湖北，谓黄冈黄陂二县。”杨静亭《都门纪略》亦谓：“黄腔始于湖北黄陂县，一始于黄冈县，故曰二黄腔。”欧阳予倩《谈二黄戏》更解释得明白，他说：

二黄在当初不过是一种牧歌式的歌唱，几经进步，才变成了现在的形式。最初盛行，确在湖北。而湖北唱戏的人，要以黄陂黄冈人为中心，尤以黄陂人为多，所以都说二黄戏发生于湖北。从湖北而上传到湖南、广西、广东，下传到安徽，总名之曰湖广调。……再由安徽人传到北京，便变成了京二黄。

至于安徽人如何传到北京，据杨懋建《梦华琐簿》云："三庆又在四喜之先，乾隆五十五年庚戌，高宗八旬万寿，入都祝釐，时称三庆徽，是徽班之鼻祖。"又李斗《扬州画舫录》云："迨长生还四川，高朗亭入京师，以安庆花部合京秦两腔，故名其班曰三庆部。"按：高朗亭名月官，与魏长生前后称誉的著名旦色。是二黄调已于乾隆间传入北京，惟当时犹未能独立，故合演京腔秦腔，此秦腔当指西秦腔，亦即后来所谓西皮调也。盖其时魏长生虽去，而其腔调尚为人所欢迎，故三庆部不得不合演以迎合观众的心理。又据《谈二黄戏》云："二黄在南边本来用笛子，传到北京才改胡琴。"因此也有人以为二黄应作二簧的。自此以后，至道光末，因太平军起，江南沦陷，南北隔绝，昆曲在京益显衰落，而徽班却更盛行，名伶迭出，如程长庚、张二奎、余三胜等。当时月旦，以张为状元，程为榜眼，余为探花。程长于二黄，余长于西皮，张长于做工。那时文宗（咸丰）最嗜此剧，常命春台、三庆、四喜三大徽班于圆明园中演唱。继之而起的，老生有汪桂芬、谭鑫培、孙菊仙，汪学长庚，谭学三胜，孙无所宗；文武老生有杨月楼，武生有俞菊生，正旦有余紫云、陈德霖、时小福；老旦有龚云甫，净有黄三，丑有刘赶三，济济多士，遂造成皮黄戏的黄金时代，而压倒昆曲及其他诸腔了。所以皮黄戏实为徽伶所创始，始于咸同，而盛于光绪，直至现今，犹盛行不衰，继昆曲而称为国剧了。

皮黄戏虽然以西皮二黄两调为主，实际上它是包括各种腔调的，如弋腔、昆腔、梆子腔、吹腔、徽调、汉调，乃至山歌小曲，几乎应有尽有。而皮黄戏的剧本，大多也取材于上列诸腔的剧本，不过改其腔调而已，如《罗成叫关》出于弋腔《淤泥河》，《审头刺汤》出于昆曲《一捧雪》，《天雷报》出于梆子腔《清风亭》等等，其中尤以昆曲与梆子戏两种为多。此外更有依照原有排场腔调而演唱的，如昆曲《牡丹亭》的《学堂》（即《春香闹学》）、《孽海记》的《思凡》、《铁冠图》的《刺虎》等，梆子戏的《红梅阁》《阴阳河》《花田错》等，吹腔的《贩马记》等，徽调（俗称高拨子）的《徐策跑城》《扫松下书》等，楚调的《贵妃醉酒》等，他如《小放牛》《纺棉花》之类，直为山歌小曲了。也有在一出之中，诸腔并出的，如《挑华车》唱昆腔又唱皮黄，《翠屏山》唱皮黄又唱梆子之类。更有整本一戏里面，分段唱各种腔调的，如《武松》于《景阳冈》唱昆腔，《戏叔》与《鸳鸯楼》唱梆子，《狮子楼》念《扑灯蛾》干板，《二龙山》唱二黄，《十字坡快活林》及《蜈蚣岭》唱吹腔。诸如此类，真如杂会的一样了。

皮黄戏的演出情形，可说多是因袭的，当然其间因时代的关系，加以改革的也不少。先就脚色来说：生有老生（亦称须生）、小生、武生；旦有正旦（俗称青衣）、花旦、老旦、武旦；净有正净（俗称大花脸）、副净（俗称二花脸）、武净；丑（俗称小花脸），有文丑、武丑。至于老生又分文武唱做，小生又分雉尾扇子，武生又分长靠、短打，花旦又分刀马、闺门、玩笑、刺杀，正净又分铜锤、黑头，皆就戏中所饰人物或某脚色擅长何种而作区分，名目虽多，仍不外乎生旦净丑四者而已。其中净丑最重勾脸，此种在元明时也已有了，但至皮黄戏则变化更多，而某剧某人应勾某脸，各有规定，即俗称“脸谱”者是。

考勾脸的原因，实为部位（额眉眼鼻嘴）的夸张和色彩（如红黄蓝白黑）的强调，以使观众的鉴别而已。故最初殊为简单，如关羽在《三国志演义》中有“面如重枣”之说，便涂以红色（今亦称演关羽者为红生），李逵在《水浒传》中有“黑凛凛大汉”之说，便涂以黑色。其后觉单调为不美观，乃索性作图案式的勾绘。据齐如山《中国剧之组织》中所述，红脸表示忠心，如关羽、姜维等是；紫脸表示静穆，如廉颇、徐延昭等是；黑脸表示粗莽，如张飞、牛皋等是，惟包公则以森严而勾黑脸；蓝脸表示凶猛，如马武、窦尔敦等是；黄脸表示干练，如王僚、宇文成都等是。此外又有金银绿赭粉红灰等色。金银系施于神仙，表示庄严；绿色多施于鬼怪，表示狠毒；赭灰粉红皆施于老年，表示血衰之象。至于勾法，又有整脸、三块瓦脸、老脸、元宝脸、碎脸、破脸、粉脸之分。整脸乃全脸一色，只画两道眉毛，如赵匡胤、包拯等是；三块瓦脸乃将眉眼鼻勾绘，使脸部分成三块，或又添出许多花样，如姜维、马武等是；老脸乃化妆老人，将两眉往下勾至耳垂之际，如黄盖、徐延昭等是；元宝脸乃只将眉下勾为花脸，不勾额间，形似元宝，如李仁、颜佩虎等是；碎脸系于眉眼鼻嘴之外，又添勾脸纹，成琐碎花样，如单雄信、杨七郎等是；破脸乃五官不正，随意勾抹，如匪徒盗贼之类，均勾此脸；粉脸又有大半三豆腐块小尖之分，大白粉脸如曹操、严嵩等是；半白如王允、严世蕃等是；三白如伯嚭等是，豆腐块如蒋幹等是，小尖如朱光祖等是。

至于戏中所用衣服鞋帽之类，俗称“行头”。其样式乃斟酌唐宋元明制度混合而成的，故剧中无论何人，皆有规定，不分朝代，不分时季，均照此穿戴。胡须有黑苍白三色之分，乃表示年龄之意；又有红色的，乃用于不规则的人及神怪之类。中国古时以须长为贵，故剧中竟带长须，同时各脚色又利用长须，以作身段，遂致后来愈带愈长了。

此外还有一种傀儡戏，要说它的起源，那真是古远极了。据唐段安节《乐府杂录》云：

傀儡子自昔传云，起于汉祖在平城，为冒顿所围，其城一面即冒顿妻阏氏，兵强于三面。垒中绝食，陈平访知阏氏妒忌，即造木偶人运机关，舞于陴间。阏氏望见，谓是生人，虑下其城，冒顿必纳妓女，遂退军。史家但云陈平以秘计免，盖鄙其策下尔。后乐家翻为戏。

是始于汉初，惟翻为戏剧，则在其后。按：宋庄季裕《鸡肋编》云："窟磊子亦云魁礨子，作偶人以嬉戏歌舞，本丧家乐也，汉末始用之于嘉会。齐后主高纬尤所好。今字作傀儡，《涪翁杂说》谓象古魁礨之士，故名。"则似始于汉末。其戏至宋更为盛行，如耐得翁《都城纪胜》所云：

弄悬丝傀儡（起于陈平六奇解围）、杖头傀儡、水傀儡、肉傀儡（以小儿后生辈为之）。凡傀儡敷演烟粉灵怪故事、铁骑公案之类。其话本或如杂剧，或如崖词。大抵多虚少实，如《巨灵神》《朱姬大仙》之类是也。

就有四种之分。至于今日，水傀儡已无所闻。肉傀儡既是小儿后生所为，自不应再称为傀儡，倒与清末时的髦儿戏相似，因为髦儿戏正是小儿后生所为的。悬丝今亦称为提线，杖头则又称为托吼，盖为举托而演唱的意思。范围较大的有十余人为之搬演，简陋的，则仅有一人，边唱边演。因为都是木偶人所演，故今又统称为木偶戏。至于所演剧本，正如《都城纪胜》所云，范围颇广，但大抵以滑稽神怪为多。近来如上海新兴的木偶剧社，均自编新剧，则略如话剧的了。

二〇 电影

Movies

时事一朝异 烟花百年同

电影虽是最近几十年新兴的艺术，但在都市中却已成为最普遍的娱乐了。它原是法国人卢米埃尔兄弟于一八九五年所发明，于清末传入中国，初称影戏。按：影戏为我国所原有，宋高承的《事物纪原》以为始于汉代，说："汉武帝李夫人之亡，齐人少翁言能致其魂，夜为方帷，张灯烛，帝坐它帐，自帷中望见之，仿佛夫人像也，由是世间有影戏。"这恐怕是想象之辞，未免说得过古。惟宋耐得翁《都城纪胜》有影戏一条云："凡影戏乃京师人初以素纸雕镞，后用彩色装皮为之。其话本与讲史书者颇同，大抵真假相半，公忠者雕以正貌，奸邪者与之丑貌，盖亦寓褒贬于市俗之眼戏也。"既称为初，似始于宋时的。今则河北滦州最盛行此戏，俗称"滦州影"；又因其被影者是驴皮刻成的人物，亦称"驴皮影"。演时用一大布幕（昔时用厚素纸的），幕后置油灯（近来也有利用电灯，一如现今的电影）。戏者常为二人，居幕后持影人出演。剧本确与讲史书颇同，如《粉妆楼》《五虎平西》之类。

然此种影戏，仍须幕后有人出演，与现在电影当然不同。现代的电影，其传入中国，最早是在上海。《上海研究资料》中有云：

第一家电影院是虹口大戏院，系雷马斯（Ramos）设立，成立于一九〇九年。第一张影片为虹口大戏院所放映的是《龙巢》（The Dargon Nest）。第一张国产爱情影片是《海誓》，上海影片公司出品，一九二二年一月二十三日公映于夏令配克影戏院。第一张国产侦探影片是《红粉骷髅》，新亚影片公司出版，一九二二年五月十日公映于夏令配克影戏院。第一张国产伦理教育影片是《孤儿救祖记》，明星公司出版，一九二三年十二月二十一日公映于申江大戏院（即今之中央大戏院）。第一次有声电影公映于上海的是《特福莱声片》（De Forest Phonofilm）于一九二六年十二月十八日映于百星大戏院。第一家电影院装置声片放映机的是夏令配克，时在一九二九年二月。第一张声片为夏令配克所映者是百代福托风《飞行将军》（Captain Swagger），时在一九二九年二月九日。第一张国产蜡盘发音有声片是《歌女红牡丹》，明星百代合组之民众公司制，一九三一年三月十五日公映于新光大戏院。第一张国产片上发音有声片是《雨过天青》，大中国暨南合组之华光公司制，一九三一年七月一日公映于新光大戏院。第一家制片公司置备声片摄制机者是天一影片公司，机件于一九三一年七月十四日到沪，定名为慕维通。第一张天一慕维通有声影片是《歌场春色》，一九三一年十月二十九日公映于新光大戏院。

从这许多第一看来，使我们对于电影之入中国，一切都明白了。但这里还没有提到新闻片和露天电影场在我国的开始，据胡道静《电影史话》是在1921至1924年的，他说：

一九二一年六月，第五届远东运动会在上海虹口公园举行，商务印书馆活动影片部商得该会同意，与青年会影片部主任比德博士（Dr. Peter）合作，在场摄取新闻片，共成二卷，这三卷东西启开了中国新闻影片的制作。至一九二四年，是上海开始有露天电影场的年份，消夏影戏场在靶子路，是这新鲜玩意儿的开路先锋。

按：商务印书馆之有活动影片部，实为国人最首创的制片机关。前乎此者，则为外人所设的亚细亚影片公司。其详诚如杨德惠《上海之电影》所云：

上海是世界十大都之一，一切文明的东来，都是先来到上海，然后再布及其他各埠。电影也是如此。在一九〇九年时候，适是世界电影技术完成后第十五年，亚细亚影片公司便在上海成立了，不但是上海最早的影片公司，也是全国最早的影片公司呢。这亚细亚影片公司成立之后，拍摄了《西太后》和《不幸儿》两影片，另在香港续摄《瓦盆伸冤》和《偷烧鸭》两片。清社既屋，民国肇兴，该公司由美国人依什尔氏接办，锐意改革，觉得要发展电影事业，非与华人合作不可，结果聘张石川氏担任剧务上的事宜，并聘内地来沪的剧团钱化佛、杨润身等十六人为演员。最初的出品，为郑正秋、张石川联合导演的《难夫难妻》等片。但自民国四年第一次欧洲大战发生，该公司因胶片购自德国，来源断绝，无法继续拍摄影片，公司遂唯有停闭之一途了。接着而起的便是商务印书馆的创办影片部。当民国四年，有个美国影片商人来我国南京地方，想开设影片公司。但因初到我国，没有华人与他合作，转瞬二年，资本化尽，他想到商务印书馆谢秉来是他熟友，欲将摄片机件售给该馆。经该馆当局考虑，决定收买，就在照相部下，试办制片事业，聘请留美归来叶向荣氏为摄影师，制成新闻片。至一九一八年，遂正式成立了影片部，聘陈春生为主任，任彭年为助理，大事摄制。直至一九二六年，始改组为国光影片公司，与该馆脱离关系了。